CORRESPONDANCE

DE J.-H. BERNARDIN

DE

SAINT-PIERRE.

IMPRIMERIE DE J. TASTU,
RUE DE VAUGIRARD, N. 36.

CORRESPONDANCE
DE J.-H. BERNARDIN
DE
SAINT-PIERRE,

PRÉCÉDÉE

D'UN SUPPLÉMENT AUX MÉMOIRES
DE SA VIE.

PAR L. AIMÉ-MARTIN.

*

Tome Premier.

A PARIS,
CHEZ LADVOCAT, LIBRAIRE
DE S. A. R. LE DUC DE CHARTRES,
AU PALAIS-ROYAL.

*

1826.

PRÉFACE.

Si le caractère du moraliste peut donner quelque poids à ses écrits, j'aurai fait un présent utile au public en publiant ces trois volumes de Correspondance, où la morale de Bernardin de Saint-Pierre est appuyée de l'autorité de toute sa vie!

Ces trois volumes se composent de plusieurs recueils.

Le premier renferme cent cinquante lettres écrites à la même personne, pendant un espace de vingt-cinq ans[1]. Bernardin de Saint-Pierre dépose ses pensées

---

[1] Je l'ai reçu de M. Hennin qui lui-même l'avait reçu de son père à qui ces lettres étaient adressées.

les plus secrètes, ses sentimens les plus intimes dans le sein d'un ami. C'est le tableau complet de cette époque de sa vie, de toutes ses souffrances, de toutes ses vertus; c'est un traité de philosophie pratique, c'est la plus magnifique introduction à ses ouvrages!

Le second recueil rappelle une époque plus rapprochée, et offre quelques détails touchans de la vie privée de l'auteur [1].

Le troisième recueil se compose des lettres de Bernardin de Saint-Pierre à sa première et à sa seconde femme : ces lettres ne devaient jamais voir le jour. C'est un mal de porter la lumière dans l'intimité des familles, mais c'est un plus grand mal encore de les laisser calomnier. J'ai voulu fortifier les bons, j'ai même cherché

[1] Je l'ai également reçu des mains de M. Robin, digne ami de Bernardin de Saint-Pierre.

à éclairer les méchans. Que les méchans jugent donc en lisant ces lettres de la simplicité du sage et des vertus du père de famille, si toutefois ils peuvent les comprendre.

Ces diverses correspondances sont précédées d'un *Supplément à l'Essai sur la vie et les ouvrages de Bernardin de Saint-Pierre.* On y verra l'histoire de sa conduite pendant les temps orageux de la révolution. Ce court épisode, suivi de l'histoire de ses relations avec Louis, Joseph et Napoléon Bonaparte, occupera long-temps la pensée de ceux qui se livrent à l'étude du cœur humain.

Enfin j'ai cru devoir répondre aux calomniateurs, et par occasion à M. Durosoir qui s'est fait leur interprète. C'est la destinée de la vertu d'être livrée aux mains des méchans. Mais, faut-il l'apprendre à

M. Durosoir, le métier de libelliste n'est propre à rien d'utile, à rien de bon. Qu'il vive, à ce prix j'y consens. Cependant si sa raison peut acquérir quelque maturité, il sentira combien il m'a d'obligation de l'avoir corrigé; il verra, et j'emploie ici à dessein les expressions si remarquables d'un grand critique : « Il verra qu'un li-
» belliste qui ne couvre pas de talens émi-
» nens ce vice, né de l'orgueil et de la
» bassesse, croupit toute sa vie dans l'op-
» probre; qu'on le hait sans le craindre,
» qu'on le méprise sans qu'il fasse pitié,
» et que toutes les portes des honnêtes
» gens lui sont fermées. » (*Mél. litt.*, t. II, lettre à Laharpe, p. 410.)

SUPPLÉMENT

A

L'ESSAI SUR LA VIE ET LES OUVRAGES

DE BERNARDIN DE SAINT-PIERRE.

RÉFUTATION.

✻

Le 26 novembre 1824, je reçus la lettre suivante :

« Mon cher Aimé,

» J'apprends que M. Durosoir a fait sur
» notre Bernardin de Saint-Pierre, un article
» fort inconvenant pour la Biographie uni-
» verselle. Il est à propos que vous voyiez
» M. Michaux, afin de prévenir de nouvelles
» calomnies contre le plus beau génie de la

» dernière époque. Je n'ai que le temps de
» vous écrire ces lignes; vous me saurez gré
» de n'en avoir point perdu pour vous mettre
» en garde contre ces infamies.

» CHARLES NODIER. »

Je fus peu surpris de cette lettre. Depuis long-temps je connaissais les manœuvres des ennemis de Bernardin de Saint-Pierre pour obtenir un article de ce genre; je savais que toutes les calomnies répandues contre la mémoire de ce grand homme, sortaient des ateliers de quelques misérables aussi peu en état de concevoir son caractère que de comprendre ses écrits; mais je n'imaginais pas qu'il fût possible de trouver même au dernier rang des écrivains un homme prêt à servir de si tristes passions. Toutefois ne voulant pas négliger l'avis que je venais de recevoir, je me rendis chez M. Michaux, libraire, qu'il ne faut pas confondre avec M. Michaux de l'Académie française. Tout le monde sait que ce dernier est un homme plein de justice et de politesse. Je me rendis donc chez M. Michaux, libraire, mais vainement j'essayai de le convaincre qu'il était de son intérêt de ne pas publier des calomnies; vainement, pour éclairer sa conscience, je lui proposai de mettre à sa disposition tous les papiers de Bernardin de Saint-Pierre; vainement enfin j'en appelai à son honneur en me bornant à demander la suppression des passages dont je pourrais prouver la fausseté les pièces à la main : il se refusa à toutes mes offres, ne voulut rien voir, rien entendre, et je me retirai bien convaincu que l'éditeur de la Biographie universelle ne faisait si peu de cas de la vérité, que parce qu'il pensait que c'est une mauvaise marchandise. Cependant une seconde lettre me fit croire un moment que cet homme s'était ravisé.

« Je suis enchanté, me disait-on, de l'heu-
» reux tour qu'a pris votre affaire : voici un
» fait qui confirmera sans doute le détracteur

» de Bernardin de Saint-Pierre dans sa juste
» résipiscence. Le marquis de Montciel à qui
» on avait écrit pour savoir s'il était vrai que
» Bernardin de Saint-Pierre lui eût refusé un
» asile au Jardin du Roi pendant les orages
» de la révolution (assertion qui avait trouvé
» place dans la Biographie), a répondu que
» rien n'était plus faux [1], et que l'auteur de
» Paul et Virginie avait au contraire publié à
» cette époque une brochure royaliste qui lui
» avait attiré la haine des jacobins [2]. Vous pou-
» vez, mon cher ami, faire tel usage que bon

[1] Cette réponse est positive, et l'on pense peut-être que M. Michaux s'est empressé de faire disparaître l'anecdote qu'elle dément. Non, il l'a laissé subsister dans les exemplaires envoyés en province, et ne l'a supprimée que dans quelques-uns des exemplaires distribués à Paris. Ainsi, d'un côté il se donne l'air d'un homme impartial, et de l'autre il fait circuler la calomnie. J'en appelle aux souscripteurs des départemens, qu'ils ouvrent le 40e volume de la Biographie, et qu'ils jugent M. Michaux !

[2] C'était une invitation à la concorde. Elle fut affichée, et le peuple courut briser les vitres de l'imprimeur.

» vous semblera de ce démenti donné à l'au-
» teur de l'article. La lettre originale est en-
» tre mes mains ¹.

» Charles Nodier. »

Une seule chose, je l'avoue, me frappa en lisant cette lettre. C'est l'infatigable constance avec laquelle les ennemis de Bernardin de Saint-Pierre, allaient quêtant le scandale dans l'unique but d'outrager la mémoire d'un grand homme. Trois mois s'écoulèrent cependant

¹ Voici l'origine de cette anecdote. M. de Montciel, charmé des ouvrages de Bernardin de Saint-Pierre, lui fit proposer par une personne tierce de venir habiter son château. J'ai répondu de mon mieux à des offres de services si agréables, dit dans une de ses préfaces l'auteur des *Études*, mais je n'en ai accepté que la bienveillance. Il est curieux de voir comment les actions les plus honorables peuvent être transformées en actions coupables. Bernardin de Saint-Pierre n'accepte pas la retraite que lui offre M. de Montciel; aussitôt la calomnie s'empare de ce refus, et, renversant les faits, il se trouve tout-à-coup que c'est M. de Montciel qui a demandé un asile à Bernardin de Saint-Pierre, et que cet asile lui a été refusé.

sans aucune démarche de ma part, et je commençais à ne plus songer à cet article, lorsque un matin, au moment où j'achevais de rédiger les délibérations de la Chambre, je vis entrer dans mon cabinet un ancien ami de Bernardin de Saint-Pierre : son visage portait l'empreinte de la plus vive indignation. «Lisez, me dit-il, en jetant sur ma table le quarantième volume de la Biographie universelle; voilà le prix d'une vie entière consacrée au bonheur des hommes ! » J'ouvris le livre, et après une lecture rapide de l'article : En vérité, dis-je à mon ami, je ne conçois rien à votre colère. Examinons cet article avec sang-froid. Quel est le but de l'auteur? de déshonorer la mémoire de Bernardin de Saint-Pierre. Je doute fort qu'un pareil but puisse lui mériter l'estime publique. C'est un triste rôle que celui de détracteur des grands hommes. L'écrivain qui tombe aussi bas, ne se relève jamais : quel que soit le succès de ses efforts, il est toujours sûr de rencontrer le mépris.

Et quant à l'auteur de l'article, qu'a-t-il fait pour remplir son but? a-t-il cherché la vérité, ou cherché le mensonge? c'est toute la question, et je ne pense pas que le public puisse s'y tromper un seul moment. La mauvaise foi et le dessein de nuire percent ici à chaque page. Le libelliste s'est mépris au point d'imaginer qu'il suffisait d'accuser un homme pour le faire paraître coupable; il veut qu'on prenne ses assertions pour des preuves, et ses injures pour des argumens. Mais le public n'adoptera pas sans efforts des idées qui vont blesser ou renverser toutes les siennes; je dis plus, il n'est pas un seul lecteur des Études de la Nature et de Paul et Virginie, dont on ne soit sûr d'exciter la surprise, d'éveiller l'incrédulité, lorsqu'on viendra lui dire : L'auteur de ces divins ouvrages était un malhonnête homme. Ce sentiment qui sera général doit amener l'examen de l'article, et c'est là, croyez-moi, que s'arrêtera le triomphe de la calomnie. En vain le méchant s'appuie du mensonge et foule aux pieds la vérité : la conscience publique rétablit tout dans l'ordre. Vous représentez Bernardin de Saint-Pierre comme un ennemi du culte et de la religion, dira-t-on à M. Durosoir : montrez-nous parmi les ennemis du culte et de la religion un seul écrivain qui se soit appuyé de ses doctrines? Vous dites qu'il a caressé les maximes révolutionnaires : montrez-nous parmi cette foule de misérables qui se sont faits nos maîtres, un seul publiciste, un seul orateur qui ait invoqué ses principes? Nous voulons connaître les peuples qu'il a dépravés, les factieux qu'il a soutenus, les impies ou les fanatiques qui se disent ses disciples? Parlez, éclairez-nous, car vous avez dit tout cela, et il ne vous reste qu'à le prouver. Voilà, mon ami, ce que le public dira à M. Durosoir, et pensez-vous que son article ait besoin d'une autre réponse?— Oui ! et cette réponse, je viens vous la demander. Je veux croire que les amis de la vérité parleront comme vous, mais combien d'autres parleront autrement. Songez aux suites funestes de votre silence. Le caractère du moraliste donne aussi quelque poids à ses paroles! que deviennent les hommages que Bernardin de Saint-Pierre rend à la religion, et ses argumens invincibles sur la bonté de la Providence? Que deviennent ces tableaux ravissans de la nature, qu'il unit aux tableaux de la vertu pour nous élever jusqu'à Dieu? Il écrivait contre sa pensée, dira l'incrédule; n'ayez plus de foi à la vertu, diront les faux philosophes; vous nous ôtez notre consolateur, diront les malheureux; lui, notre ami, le seul écrivain qui, en faisant un livre, se soit toujours occupé de nous. Ainsi, le but de cet article est de déshonorer l'homme, et son effet d'ôter toute confiance au moraliste.

Ici je ne pus m'empêcher d'interrompre mon ami : Il me semble, lui dis-je, que vous donnez beaucoup d'importance aux écrits de M. Durosoir? — Et comment ne leur en donnerai-je pas. Voyez avec quel art perfide il sait détourner le sens de vos pensées pour en faire jaillir la calomnie! comme il dénature la vérité par des équivoques, comme il l'obscurcit par des restrictions! Sous sa plume les actions les plus innocentes deviennent des actions coupables : ainsi, lorsque vous peignez le jeune de Saint-Pierre, déjà sensible aux beautés de la nature, se passionnant aux récits des voyageurs, lisant en classe, lisant dans ses promenades, et s'emparant, pour satisfaire cette innocente passion, des livres mêmes de son régent, M. Durosoir se saisit de l'aveu de cet enfantillage pour faire entendre que Bernardin de Saint-Pierre était un mauvais sujet qui volait les livres de ses camarades. C'est encore ainsi qu'il l'accuse sérieusement de s'être fait nommer ingénieur en trompant l'autorité [1], parce que les bureaux crurent donner cette place, non à un homme de mérite, mais à un homme recommandé : circonstance que M. de

---

[1] *Biographie*, tome 40, p. 52.

Saint-Pierre regarda toute sa vie, comme un coup de fortune, mais dont il ne profita pas sciemment, puisqu'il n'en fut instruit que long-temps après. Vous faut-il d'autres preuves de la bonne foi du biographe, écoutez ceci : « Le » discours du Paysan polonais offre une de » ces déclamations républicaines qui s'adres- » sent aux passions populaires, et qui sont » toujours sûres d'être bien accueillies dans » les jours de révolution ». En lisant ce passage ne croirait-on pas que l'auteur a composé et publié le Paysan polonais à l'époque de la révolution, pour flatter les crimes de la multitude. Eh bien ! cet opuscule fut publié pour la première fois en 1818, et l'auteur l'avait écrit en Pologne, non pour flatter les révolutionnaires, mais pour appeler la pitié de la terrible Catherine sur le peuple qu'elle venait d'asservir !

Que penser d'un écrivain qui se respecte assez peu lui-même pour supprimer la moitié des faits et dénaturer l'autre ? Et cependant ces assertions mensongères peuvent devenir des vérités historiques, si vous gardez le silence! — N'en croyez rien, mon ami; de pareilles infamies ne tromperont personne. Il faudrait être aussi méchant que le calomniateur pour le croire. Qu'il remplisse donc sa mission! Les censures des esprits médiocres contre les hommes supérieurs sont comme les murmures des sophistes contre la Providence; elles attestent la grandeur de ce qu'ils blâment. — Quoi! vous laisserez publier sans réclamation qu'à Malte Bernardin de Saint-Pierre devint fou [1]; qu'en Hollande il abandonna, par caprice, un emploi qui lui rapportait des émolumens considérables [2]; qu'en Russie il se montra peu délicat envers ses amis [3], et ingrat envers ses

---

[1] *Biographie*, tome 40, p. 65.

[2] Il n'eut jamais d'emploi en Hollande; on lui offrit une place de journaliste, et il la refusa. Ces détails sont imprimés : pourquoi ne pas être au moins copiste fidèle.

[3] Il eut plusieurs protecteurs en Russie, et un seul ami, M. Duval. Cet ami fut assez heureux pour l'obliger, et la reconnaissance de Bernardin de Saint-Pierre a duré

RÉFUTATION. xvij

chefs [1]; qu'en Pologne il vécut publiquement avec une princesse [2]; que, trahi dans ses amours, il emprunta 2000 francs au *prince d'Hennin* [3], et courut en Saxe chercher des plaisirs licencieux dans les bras d'une courtisane [4]; qu'à l'Ile-de-France il donna l'exemple de la cruauté envers ses esclaves [5]; qu'aucun

autant que sa vie; elle est exprimée dans ses premiers et dans ses derniers ouvrages. Est-ce là ce que M. Durosoir appelle manquer de délicatesse?

[1] Il abandonna le service de la Russie parce qu'on avait fait une injustice à son chef, M. de Villebois. Est-ce là ce que M. Durosoir appelle de l'ingratitude?

[2] Il ne vécut pas publiquement avec une princesse. Voyez l'Essai sur la Vie, p. 158, etc.

[3] J'avais dit que M. Hennin, résident de France en Pologne, avait ouvert sa bourse à Bernardin de Saint-Pierre. M. Durosoir change tout cela, il donne une principauté à M. Hennin. Il faut que ce biographe aime bien l'erreur puisqu'il ment, même sans intérêt.

[4] Il ne courut point en Saxe chercher des plaisirs licencieux dans les bras d'une courtisane. Voyez l'Essai sur la Vie de Bernardin de Saint-Pierre, p. 188, et jugez de la bonne foi du libelliste, même quand il copie.

[5] Bernardin de Saint-Pierre, dans sa course autour de l'Ile-de-France, chargea un esclave d'un fardeau de quatre-vingts livres. Cet esclave, suivant M. Durosoir,

b

homme ne porta aussi loin l'oubli de la dignité d'homme de lettres; qu'il fut le flatteur de Buonaparte, l'ami des révolutionnaires, et le disciple des théophilantrhopes! — Mais voici le côté comique, ajouta mon ami; croiriez-vous que le benin critique dispute même à Bernardin de Saint-Pierre cette belle et noble figure qui inspirait la vénération, ces traits si purs, si gracieux, sur lesquels tant d'années de malheurs n'avaient laissé qu'une impression touchante de mélancolie? Aussi bon juge de la beauté que de la vertu, M. Durosoir fait observer que le public était abusé par une illusion d'optique, et que, si Bernardin de

se fit au pied une blessure *grave*, et Bernardin de Saint-Pierre eut la barbarie de continuer sa marche. M. Durosoir ne voit pas que ces quatre-vingts livres se composaient des vivres nécessaires à la route : c'était la charge d'Ésope qui diminuait à chaque pas. Quant à la blessure *grave* de Duval, malgré la barbarie de Bernardin de Saint-Pierre, qui eut soin de la faire panser, elle était guérie le troisième jour, comme on peut le voir dans le *Voyage à l'Ile-de-France*, page 121, que M. Durosoir ne cite pas.

Saint-Pierre était beau de loin, il était laid de près [1].

— Vous m'apprenez là des choses vraiment singulières, lui dis-je; mais est-il bien vrai que M. Durosoir ait écrit cette phrase : *Aucun écrivain n'a porté aussi loin l'oubli de la dignité d'homme de lettres?* Il y a dans son article vingt passages qui seraient en contradiction avec celui-ci.

Mon ami feuilleta un moment le livre; et plaçant son doigt sur la trente-huitième ligne de la deuxième colonne de la page 66 : Voyez, me dit-il, et quant aux contradictions, n'en soyez pas surpris, elles ne coûtent rien à M. Durosoir. Si Bernardin de Saint-Pierre est

---

[1] Pour ne laisser aucun doute à cet égard, le biographe soutient que le portrait de Bernardin de Saint-Pierre, placé à la tête des OEuvres, n'est pas ressemblant; et, comme s'il voulait donner dans la même ligne la mesure de son goût et de son exactitude, il attribue à M. Desenne ce beau dessin, qui est de Girodet, et où tout le monde reconnaîtrait ce grand maître, lors même qu'on n'y lirait pas son nom.

laid à la soixante-deuxième page, il est beau à la page 56; si son caractère est estimable à la page 53, il est méprisable à la page 52. L'article est un composé de contradictions et de compensations de ce genre. L'auteur s'y moque de ses lecteurs, ou, pour mieux dire, il est honteux de ce qu'il écrit. On le voit flotter entre le désir de gagner son argent et la crainte de se compromettre. Ainsi, passant du mensonge à la médisance, de l'éloge à la critique, il aura dit, il n'aura pas dit, il aura calomnié, il n'aura pas calomnié, suivant le feuillet. Oh! c'est un merveilleux article que l'article de M. Durosoir!.

Ici, interrompant mon ami, je lui demandai quelle était l'action de Bernardin de Saint-Pierre qui avait pu faire dire à M. Durosoir : *Aucun écrivain n'a porté aussi loin l'oubli de la dignité d'homme de lettres.* Bernardin de Saint-Pierre a-t-il prostitué sa plume aux passions des partis? s'est-il vendu au pouvoir, loué à des libraires? a-t-il, pour un peu d'argent, calomnié la vertu, injurié le talent, écrit ce qu'il ne savait pas, affirmé ce qu'il ne croyait pas? Quel est son crime enfin? comment a-t-il pu devenir l'objet d'une accusation aussi grave?

— Un crime! dites-vous. En effet, celui de Bernardin de Saint-Pierre est effroyable! Imaginez qu'à l'époque de la publication des *Études*, il reçut de toutes les parties de l'Europe une si grande quantité de lettres, que sa correspondance aurait pu occuper deux secrétaires. — Quoi! c'est là son crime? — Écoutez! écoutez! « C'est une de mes plus
» grandes peines, disait Bernardin de Saint-
» Pierre, de ne pouvoir suffire à des re-
» lations si intéressantes. Je suis seul, ma
» santé est mauvaise, et je ne peux écrire que
» quelques heures de la matinée. J'ai des ma-
» tériaux considérables à arranger, que je
» n'ai ni la force ni le temps de mettre en or-
» dre. Ma fortune même est un obstacle à mes
» correspondances, car beaucoup de ces let-

» tres m'arrivent de fort loin sans être affran-
» chies¹. » Oui, mon ami, voilà le crime de Bernardin de Saint-Pierre, voilà ce qui a si vivement ému la bile de M. Durosoir, voilà ce qui lui a fait dire qu'*aucun écrivain n'avait porté aussi loin l'oubli de la dignité d'homme de lettres.*

— En vérité, lui dis-je, je commence à croire que nous avons mal saisi le sens de cet article. L'auteur a plus de malice que vous ne pensez : et que diriez-vous, par exemple, si je vous prouvais qu'il a voulu se moquer des ennemis de Bernardin de Saint-Pierre? En effet voyez avec quelle bonne foi il rappelle leurs mensonges, leurs calomnies, leurs contradictions ; comme il semble se plaire à les rendre ridicules et à les montrer méprisables. Je connais M. Durosoir, c'est un homme d'esprit qui a fait sa logique : or, comment voudriez-vous qu'un homme d'es-

¹ OEuvres de Bernardin de Saint-Pierre, t. 6, p. 232.

prit qui a fait sa logique eût écrit sérieusement un article dont les argumens se réduisent à ceci : Bernardin de Saint-Pierre, après deux ans de sollicitations inutiles à Versailles, court demander du service en Russie ! donc c'est un libertin. Il a écrit des livres pleins des sentimens les plus sublimes, de la raison la plus saine, d'amour de la nature, de Dieu et des hommes ; donc il méprise les hommes et n'a point de religion. Il a publié en 1793 une édition des Études de la Nature, avec l'éloge de Louis XVI, et des vœux pour le clergé ; donc il écrivait contre le clergé et flattait les révolutionnaires. Ses ouvrages encouragent à la vertu, consolent le malheur, font aimer la solitude, adorer la Providence ; donc il était insociable [1], méprisable [2], sans délicatesse [3], vil flatteur [4], fou [5], brutal

[1] *Biographie*, t. 40, p. 52.
[2] *Idem.*
[3] *Idem*, p. 54.
[4] *Idem*, p. 62.
[5] *Idem*, p. 52.

cruel [1], libertin [2], faussaire [3], voleur [4]. Vous le voyez, mon ami, l'article de M. Durosoir est une continuelle ironie! Comme l'ouvrage de Rabelais, c'est un os qu'il faut briser pour en tirer la moelle.

La raillerie est ici hors de saison, reprit mon vieil ami; si vous aviez mon expérience, vous sauriez qu'il n'y a point d'erreurs pour la multitude, dans un livre où chaque ligne est une erreur. Le vulgaire peut se tenir en garde contre un fait, mais non contre tous les faits. Or, l'article de M. Durosoir n'étant d'un bout à l'autre qu'un recueil d'impostures, le silence ne vous est plus permis : ne pas confondre le calomniateur, c'est laisser triompher la calomnie. — La conséquence n'est pas juste, lui répondis-je; car enfin que peut-on conclure de cet article qui vous inspire tant de cour-

---

[1] *Biographie*, tome 40, p. 55.
[2] *Idem*, p. 54.
[3] *Idem*, p. 52.
[4] *Idem*, id.

roux? rien, sinon que Bernardin de Saint-Pierre ne plaît pas à M. Durosoir : c'est sans doute un grand malheur, mais est-il donc indispensable de faire un livre pour cela? Le musicien Antigenide ayant joué de la flûte devant quelques grossiers auditeurs qu'il ne put émouvoir, ses disciples ne s'amusèrent point à démontrer la beauté de ses accords, mais ils le supplièrent de ne pas s'interrompre, et de jouer *pour eux et pour les muses*. Vils calomniateurs, votre stupidité n'étouffera point la voix du maître! elle se fait entendre dans tous ses ouvrages! Il y chante aussi pour ses disciples et pour les muses, et ses divins accords nous font aimer la vertu dont sa vie nous offre l'exemple. — Voilà, reprit froidement mon ami, une réponse qui ne répond à rien. On n'est insensible ni à l'harmonie de son style, ni à la grâce de ses écrits; mais on poursuit sa mémoire, on dénature ses principes, on calomnie ses actions! — On le calomnie, dites-vous! qu'y a-t-il donc à s'étonner?

Il faut bien que le sage éprouve le sort des sages ; les siècles soi-disant philosophes sont surtout favorables aux petits talens, et les petits talens sont les plus dangereux ennemis des talens supérieurs, parce qu'ils sont en grand nombre et toujours liés à de grandes ambitions ; voyez Fénélon dans l'exil, Rollin arraché à ses élèves, le grand, le pieux Arnaud, chassé, insulté, persécuté ; Descartes accusé d'athéisme par des athées; Pascal traité d'impie par des impies, d'imposteur par des imposteurs. Et cependant rien de plus pur, rien de plus vénéré, que la mémoire de tous ces grands hommes. Invoquerai-je le souvenir de l'antiquité ; Pythagore monte sur un bûcher, Socrate meurt dans les fers, Aristide est banni, Platon livré à l'esclavage. Oh! profondeur de notre misère! pour commettre tant de crimes, les méchans n'ont pas même besoin de calomnier toujours la vertu ; le bannissement d'Aristide a ses raisons qui ne sont pas des calomnies. On l'accuse d'être juste comme on accusait Fénélon d'aimer Dieu pour lui-même. Nos yeux s'élèvent alors vers le ciel pour lui demander justice; mais un autre sentiment semble nous dire en même temps que ces nobles victimes l'ont obtenue dans un autre monde, par la gloire dont elles jouissent dans celui-ci !

Mais, dites-vous, c'est peu d'avoir persécuté Bernardin de Saint-Pierre, on poursuit encore sa mémoire ! Voulez-vous donc que le disciple soit plus épargné que les maîtres ? N'a-t-il pas préféré le travail à l'intrigue; le témoignage de sa conscience à celui des hommes; n'a-t-il pas consolé les malheureux, défendu la liberté des peuples, éclairé la sagesse des rois ? Voilà sa gloire ! voilà la vérité qui doit survivre à tout ; le monde entier se liguerait pour étouffer une seule vérité, ses efforts seraient vains. Écoutez la voix des siècles ! au milieu des accusations, des persécutions, des calomnies, pourquoi ce mépris profond pour les calomniateurs ? pourquoi ce concert éternel de louange pour la sagesse, d'admiration pour le génie ? Les outrages des méchans, croyez-moi, ne déshonorent que leur mémoire. Leur succès même n'a point de réalité : en vain la haine d'Anythus poursuit Socrate, elle ne peut atteindre qu'un homme vieux, laid, chauve, camus ; le maître de Platon, le divin Socrate, le vrai Socrate, lui échappe, et rayonne d'immortalité !

Je ne défendrai point Bernardin de Saint-Pierre, ma réponse est dans ses ouvrages !

— Oui, pour les lecteurs éclairés, mais ces mêmes ouvrages sont dépecés, cités, torturés par le biographe. Il est si sûr de les avoir lus, qu'il cite même des ouvrages que l'auteur n'a jamais faits. Que penseront les souscripteurs bénévoles de la Biographie, en apprenant que Bernardin de Saint-Pierre *fit paraître* les deux premiers livres de l'Arcadie [1] ? Il faut bien que

---

[1] Voyez la *Biographie*, page 57. Les personnes les moins instruites savent que Bernardin de Saint-Pierre n'a publié que le premier livre de l'Arcadie. Nous avons

M. Durosoir ait lu le second, puisqu'il en parle si savamment. Il faut bien qu'il ait lu les préfaces de Bernardin de Saint-Pierre, puisqu'il assure que l'auteur y demande l'aumône au public [1]. Il faut bien qu'il ait lu l'Essai sur Jean-Jacques Rousseau, puisqu'il le qualifie de *morceau biographique à la manière de Plutarque*, ce qui prouve qu'il connaît aussi bien Plutarque que Bernardin de Saint-Pierre. Il faut enfin qu'il ait lu les *Études de la Nature*, puisqu'il affirme que, dans cet ouvrage, Bernardin de Saint-Pierre fronde le clergé : assertion qui ne laisse pas de surpendre, vu la proposition faite par le clergé, dans l'assemblée générale du clergé, d'offrir une pension à l'auteur des *Études*. Convenez que M. Durosoir est doué d'une belle imagination ; non-seulement, il lit dans les ouvrages qui ont été publiés les choses qui n'y sont pas, mais en-

publié nous-même quelques fragmens des second et troisième livres, et M. Durosoir s'est arrêté au titre.

[1] *Biographie*, p. 66.

core, il lit dans les ouvrages qui n'ont jamais été faits, les choses qui devraient y être.

Mon ami ne put s'empêcher de sourire en prononçant ces derniers mots, mais reprenant aussitôt une physionomie sévère, il se hâta d'ajouter : Tout ce que vous venez d'entendre n'est rien, auprès de ce qui me reste à vous dire. Croiriez-vous que cet honnête homme n'a pas craint de reproduire les passages du Mémorial de Sainte-Hélène que vous avez signalés comme calomnieux, et dont l'auteur lui-même, je me plais à lui rendre cet hommage, a fait si noblement justice. Ramasser de telles calomnies, c'est descendre bien bas, mais avouer, en les ramassant, que M. de Las-Cases a cru devoir les rejeter de sa seconde édition, ajouter qu'on les cite timidement et sans pouvoir en *garantir l'authenticité*, c'est donner à l'action la plus lâche, tous les dehors de l'hypocrisie la plus coupable. Pensez-vous, mon ami, qu'un homme qui soutient sa cause par de tels moyens, soit bien convaincu de sa bonté ; et ne faut-il pas avoir été mordu du chien enragé de la calomnie, pour se rendre coupable d'une méchanceté aussi gratuite ? Je dirai à M. Durosoir : Quoi, vous ne pouvez garantir l'authenticité d'un fait déshonorant, et vous le rapportez ! Quel est donc votre but ? ce ne peut être de publier une vérité, puisque vous avouez que le fait est douteux ; ce ne peut être de publier même un fait douteux, puisque vous avouez que l'auteur l'a rejeté comme un mensonge ; ce ne peut être enfin de confondre les calomniateurs, puisque vous laissez l'accusation sans réponse. Vous vous êtes dit : Je publierai l'imposture ; j'écrirai en haine de la vertu, qu'importe, il en restera toujours quelque chose. Oui, il restera la honte et le déshonneur qui s'attachent à celui qui n'écrit que pour nuire ! Il faut que l'abrutissement ait bien des charmes, M. Durosoir avait à choisir : comme le Caliban de Shakspeare, il se trouvait placé entre les bienfaits d'un sage et les séductions grossières de quelques matelots ivres ; il a fait le même choix !

Mon ami s'arrêta ; mais voyant que je ne me hâtais pas de lui répondre : En vérité, s'écria-t-il, je n'en aurai pas le démenti, et je suis curieux de savoir si vous résisterez à cette page. L'auteur a voulu peindre l'époque où Bernardin de Saint-Pierre publia le prospectus de sa belle édition de *Paul et Virginie*; écoutez :

« Saint – Pierre jouissait d'un logement
» au Louvre [1], et de la pension que lui fai-
» sait Joseph Bonaparte qui était de plus
» de 6,000 francs [2], sans compter une de
» 2,000 francs qu'il recevait du gouverne-
» ment [3]. Saint-Pierre possédait enfin cette

---

[1] A cette époque (1803), il ne jouissait pas d'un logement au Louvre, attendu que les artistes et les gens de lettres en avaient été renvoyés en 1801.

[2] A cette époque (1803), il n'avait point de pension de 6,000 francs, attendu que Joseph ne lui fit cette pension qu'en 1805.

[3] A cette époque (1803), il n'avait point de pension de

» aisance qu'il avait tant désirée [1]. Mais tou-
» jours habile à exploiter le prix de ses ou-
» vrages [2], il proposa en 1803 une nouvelle
» édition de son roman de *Paul et Virginie*.
» Cette édition ne se fit pas moins remarquer
» par la beauté de l'impression et des gra-

2,000 francs; il avait une gratification de 2,400 francs dont le paiement dépendait chaque année du caprice d'un commis. On voit dans la Préface de l'édition in-4° de *Paul et Virginie*, que Bernardin de Saint-Pierre était sur le point de perdre cette gratification.

[1] A cette époque (1803), le total de son revenu montait à 4,200 francs, sur lesquels il donnait 400 francs par an à sa sœur, et 400 francs par an à madame Didot, mère de sa première femme. Il lui restait donc 3,400 francs pour tenir sa maison, élever ses trois enfans, fournir aux besoins de sa femme, et assurer l'existence de sa belle-mère. Voilà quel était le sort de l'auteur des *Études de la Nature* à soixante-six ans.

[2] Il fut en effet très-habile, car l'édition de *Paul et Virginie* lui coûta 30,000 francs et lui en rapporta 10,000. Le format n'était plus à la mode, et le prix avait été fixé trop haut, non par Bernardin de Saint-Pierre, mais par M. Didot, son imprimeur. Tout le monde sait que, malgré le mauvais succès de cette entreprise, l'auteur repoussa toutes les offres de la librairie, refusant de livrer un seul exemplaire au-dessous du prix de souscription,

» vures, que par le prix très-élevé du volume,
» qui selon le caractère des ornemens allait
» depuis 172 francs ¹ jusqu'à 432. Le portrait
» de l'auteur devait être en tête de l'ouvrage,
» et lui-même ne dédaignait pas de recevoir
» les souscriptions en son domicile, qui était
» alors rue de Varennes, hôtel de Broglie ².
» Le style de son prospectus, publié en 1803,
» est vraiment curieux ³. On y voit, à côté de

et cela dans la crainte de diminuer la valeur des exemplaires livrés aux souscripteurs. Son édition lui resta tout entière, mais il fut fidèle à ses engagemens. Je souhaite qu'il y ait beaucoup de traits semblables dans la vie des ennemis de Bernardin de Saint-Pierre.

¹. Le prix fut fixé par M. Didot à 72 francs et non à 172. Pour dénaturer ainsi des faits connus de tout le monde, il faut professer un grand mépris pour la vérité et pour le public. Heureusement Bernardin de Saint-Pierre a consigné dans sa préface tous les détails de cette affaire.

². Il n'avait donc pas un logement au Louvre. M. Durosoir devrait, ce me semble, en achevant une page, se donner la peine d'en relire le commencement; mais je conçois que cette tâche lui paraisse un peu lourde : il est plus facile d'écrire de pareilles absurdités que de les relire.

³ M. Durosoir trouve le style de Bernardin de Saint-Pierre *curieux*. Je voudrais bien savoir ce que mes lec-

RÉFUTATION. XXXV

« quelques phrases sentimentales, percer l'a-
« vidité du trafiquant qui vante sa marchan-
« dise [1]. Saint-Pierre eut alors l'honneur fort
« envié de présenter son ouvrage à Napoléon
« au mois de février [2]. Buonaparte, touché du
« mérite de cette charmante production, ne
« voyait jamais l'auteur sans lui dire : Ber-
« nardin, quand nous donnerez-vous des
« *Paul et Virginie?* Vous devriez nous en four-
« nir tous les six mois [3]. »

teurs pensent du sien. C'est pour les mettre à même d'en juger que je cite ici sa plus belle page.

[1] Que M. Durosoir confonde l'expression de la reconnaissance avec l'avidité d'un trafiquant, rien de plus simple, c'est sa pensée, ce sont ses sentimens; mais qu'il haïsse tout ce qui porte l'empreinte du génie au point de ne pouvoir entendre l'éloge des admirables dessins de Girodet, de Gérard, de Prudhon, de Lafitte, etc., voilà ce qui me confond. Quel intérêt peut-il avoir à cela!

[2] L'exemplaire fut envoyé à M. Maret qui devait l'offrir à l'Empereur; mais l'Empereur fit écrire à Bernardin de Saint-Pierre qu'il voulait recevoir le livre de sa main. L'audience fut donc offerte par Buonaparte et non sollicitée par l'auteur, comme veut le faire entendre M. Durosoir. Nous avons sous les yeux la lettre de M. Maret.

[3] Que cela est délicat! que cela est bien dit! c'est

Ici mon vieil ami ferma le livre avec impatience. Quoi! me dit-il, vous ne m'interrompez pas? Qu'est devenu le disciple de Bernardin de Saint-Pierre, et que faut-il donc pour l'émouvoir? — Le mépris, lui dis-je, est sans colère. M. Durosoir accuse Bernardin de

ainsi sans doute que l'entrepreneur Michaux parle à ses garçons faiseurs; mais la brusque malice de Buonaparte avait une autre expression. On peut en juger, voici le fait : Le premier consul recevait l'Institut; il aperçoit Bernardin de Saint-Pierre au milieu d'un groupe de savans, écarte la foule, et va droit à lui. « Je viens » de relire votre roman de Paul et Virginie, lui dit-il, » vous devriez placer de semblables héros sous les glaces » du pôle » (faisant allusion à la théorie des marées, et croyant flatter par cette épigramme les savans qui la combattaient). Son intention fut saisie, et Bernardin de Saint-Pierre, éclairé par le sourire ironique des savans, répliqua aussitôt en les désignant d'un regard : « Général, ce n'est pas moi qui ai fait un roman des » glaces du pôle. » Le premier consul, peu accoutumé à des réponses si serrées, fit une pirouette sur le talon, et s'éloigna. Voilà ce que n'a pu comprendre M. Durosoir, et en vérité qui oserait lui en faire un crime? Il est tout naturel qu'il fasse parler Buonaparte comme il fait agir Bernardin de Saint-Pierre. Le pauvre homme, il n'a qu'une mesure et il l'applique à tout.

Saint-Pierre d'avoir publié une édition de *Paul et Virginie* : voulez-vous que je nie ce crime? C'est un fait avéré, que Bernardin de Saint-Pierre a publié ses ouvrages : mais ce livre fut publié dans un temps de prospérité. Autre crime que je ne puis nier : c'est un fait également reconnu, qu'un père de famille qui possède 3,400 francs de rente, et qui se fait imprimer, est digne de la critique de M. Durosoir. Tout ce que vous venez de lire témoigne le même bon sens, la même bonne foi, le même amour de la vérité. Que dirai-je des autres accusations de bassesse, de cupidité, de flatterie! Vous êtes des imposteurs, mes Pères, disait Pascal aux jésuites, après avoir accumulé les preuves de leurs mensonges. Ma réponse aura la même énergie et la même brièveté. Vous êtes un imposteur, dirai-je à M. Durosoir; car quel autre nom puis-je donner au rédacteur d'un libelle qui renferme tant d'erreurs *faites sciemment?* Mais, je le demande, à qui cet homme prétend-il persuader sur sa parole, sans la moindre apparence de preuves et avec toutes les contradictions imaginables, qu'un auteur dont les ouvrages respirent l'amour de Dieu et de l'humanité, qu'un moraliste dont la vie entière s'écoula dans l'étude des merveilles de la nature et des bienfaits de la Providence, était un monstre d'hypocrisie et d'ingratitude. En vérité, M. Durosoir, vous avez fait là une belle découverte ! Combien il est avantageux au public d'apprendre que ceux dont le génie fait autorité en morale étaient des ingrats et des hypocrites ! Combien il est heureux pour la religion d'entendre accuser les hommes qui lui consacrèrent leurs veilles, de libertinage, de cupidité et d'ambition ! Cet excellent M. Durosoir, il ne pouvait certainement rien écrire de plus utile à la patrie, de plus consolant pour le genre humain !

Et voilà les absurdités auxquelles vous voulez que je réponde ! voilà l'homme que, selon vous, je dois attacher au pilori, sur la place publique, devant la multitude curieuse de nos débats ! Non, de pareilles calomnies ne méritent que le mépris. O divin auteur de tant de beaux ouvrages ! ô mon maître ! au lieu de défendre ta mémoire, je la confie au public, et je nomme ton calomniateur ?

— Et qui connaît M. Durosoir ?

— Je le ferai connaître. Pour louer dignement Achille, Homère ne rappelle ni ses exploits ni sa gloire; il peint la bassesse de Thersite, et remarque ensuite froidement que Thersite était l'ennemi d'Achille.

Ces mots imprimèrent sur le front de mon ami un air de mécontentement et d'impatience qui m'obligea de poursuivre. Veuillez me répondre, lui dis-je; n'est-il pas vrai que, si je vous présentais une étoffe, vous qui avez de bons yeux, vous pourriez me dire quelle est sa couleur; vous me diriez aussi si elle est rude ou moelleuse, épaisse ou délicate ? — Oui, sans doute. — Et si je présente cette même étoffe à un aveugle, il ne pourra m'en dire la couleur. — Non. — Ainsi, vous jugerez cette étoffe avec toutes vos facultés; l'aveugle la jugera avec les siennes, c'est-à-dire avec le tact qu'il a, et non avec la vue qu'il n'a pas. — Cela est incontestable. — Si donc il se trouvait un homme entièrement dénué d'esprit, de sentiment, de délicatesse et de goût; et que cet homme s'avisât de vouloir porter un jugement, il ne pourrait y appliquer les facultés qui lui manquent. — Cela est encore vrai. — Ainsi, son jugement se ressentirait de l'absence de goût, d'esprit, de délicatesse, et il y aurait des actions qu'il ne pourrait comprendre, des vertus qu'il ne pourrait juger. — Vous avez raison. — Dites-moi, à présent; croyez-vous que le jugement de M. Durosoir soit la mesure de ses facultés ou de celles de Bernardin de Saint-Pierre ? — Je crois que ce jugement serait la mesure des facultés de M. Durosoir, s'il était de bonne foi ; mais, soyez-en bien sûr, il ne croit pas un mot de tout ce qu'il a écrit. — Ainsi, vous pensez que M. Durosoir pourrait avoir de l'ame, du goût, de la délicatesse, et cependant être un vil calomniateur? — Je ne pense pas cela. Un pareil assemblage serait monstrueux ; mais je pense que le public peut être la dupe d'un calomniateur sans honte, sans esprit, sans talent, et que l'ouvrage de M. Durosoir nous donne en même temps la mesure des facultés qui lui manquent et de la méchanceté qui le travaille. Dans cette position, votre devoir n'est pas douteux : qui défendra la mémoire de Bernardin de Saint-Pierre, si ses disciples gardent le silence ? — J'ai fait mieux que défendre sa mémoire ; j'ai raconté sa vie tout entière ; j'ai retracé les grâces de son enfance, les rêves sublimes de sa jeunesse, et les vertus de son âge mûr. Vous, mon ami, vous, témoin de mes études, de mes recherches, de mes efforts pour remplir le but que je m'étais proposé, combien de fois m'avez-vous vu troublé, désespéré par le sentiment de mon insuffisance, prêt à renoncer à cette noble tâche ! Que suis-je, me disais-je, pour juger tant de génie, de raison et de sagesse ! Un seul poëte, dans la Grèce entière, avait été trouvé digne de chanter les vainqueurs aux Jeux olympiques, et moi, placé au dernier rang des disciples de ce grand homme, j'ose écrire sa vie, peser ses actions et rappeler ses triomphes sur les sophistes de son siècle ! Où sont mes titres parmi les sages ! qu'ai-je souffert pour la vérité ! qu'ai-je fait pour la vertu ! Exercé par le malheur, formé dans la solitude, ai-je, comme Bernardin de Saint-Pierre, armé mon ame d'une résignation sans borne aux volontés de Dieu ! Ai-je, pendant dix ans, combattu toutes mes passions, et porté sans murmure la lourde cuirasse de la misère, de l'injustice et de l'oubli ! Ai-je aimé les hommes lorsqu'ils me persécutaient, béni la Providence lorsqu'on me calomniait ! Ai-je mis, comme toi, ô mon généreux maître, tout mon bonheur à être utile à mes semblables, toutes mes jouissances à étudier la nature, toute ma gloire à faire aimer ses bienfaits!

Vous le savez, mon ami, toujours mécontent de moi-même, plus mécontent de mon ouvrage, je ne cessais de l'abandonner et de le reprendre. Tantôt, me rappelant les outrages des calomniateurs, je me trouvais froid, indifférent, coupable de mon peu d'énergie; tantôt, relisant ces pages divines où respirent la morale de Socrate et l'ame de Fénélon, je rougissais d'écrire, je rougissais de défendre la mémoire d'un sage qui avait accompli la loi en aimant Dieu et les hommes. Pourquoi le défendre? me disais-je. Si Socrate fut jugé coupable par l'Aréopage, il est jugé innocent par la postérité. Laissons donc au temps le soin de venger les grands hommes; sa puissance n'est fatale qu'aux méchans : semblable à un fleuve rapide qui entraîne avec lui les égoûts immondes de nos cités, mais qui revient pur à sa source, après avoir parcouru les routes de l'espace et du ciel.

Enfin, après deux ans de méditations, d'étude, de travail, j'écrivis ma dernière page. C'est alors qu'un libraire avide, sous prétexte de satisfaire aux réclamations de ses souscripteurs, m'enleva une à une les feuilles de mon livre, et les publia, je puis dire, malgré moi. Leur lecture, pendant l'impression, me fit encore mieux sentir ma faiblesse. Je trouvais mon style sans couleur, ma pensée sans vie. Pour paraître impartial, j'avais presque effacé mon tableau; il manquait à la fois de vigueur, de lumière et de ton. J'aurais dû prévoir telle injustice, confondre telle calomnie. Pourquoi avoir méprisé tant d'accusations méprisables! pourquoi n'avoir pas expliqué certain trait de caractère que les ames vulgaires interprétaient à leur envie, et dont j'aurais pu faire ressortir les témoignages de sa vertu! Les traits les plus touchans, les anecdotes les plus piquantes me revenaient alors à la mémoire; et, pour me borner à un seul exemple, que n'a-t-on pas dit de la persévérance avec laquelle l'auteur des *Études* poursuivait les contrefacteurs? Les uns l'ont accusé d'avidité, parce qu'il attaquait des fripons chargés de ses dépouilles [1]; les autres ont bien voulu le trouver excusable, vu sa pauvreté; s'il eût été riche, ils l'auraient blâmé de réclamer le prix de son travail. Mais les véritables motifs de Bernardin de Saint-Pierre ne furent, j'ose le dire, compris de personne. Ils étaient d'un ordre supérieur, et, sans doute, il m'eût été facile de les faire connaître, l'auteur les ayant développés en ma présence; voici à quelle occasion.

Un jour le poëte Millevoie, qui concourait au prix de l'Académie, se présenta chez lui pour solliciter ses suffrages; il venait de visiter dans la même intention plusieurs beaux-esprits que la fortune par un tour de sa roue

---

[1] Nous avons compté cinquante contrefaçons des Études, et plus de trois cents de Paul et Virginie. Le produit de ces éditions aurait fait la fortune de l'auteur, il a enrichi des fripons.

avait fait grands seigneurs et académiciens. Encore tout ébloui de la magnificence de leurs salons, le jeune poëte montra quelque surprise à l'aspect du cabinet modeste de Bernardin de Saint-Pierre. En vérité, lui dit-il, j'admire votre goût pour la vie simple et retirée ! pourquoi n'êtes-vous pas sénateur comme vos nobles confrères ?. . . . .
Cette place honorable assurerait votre sort et celui de vos enfans. — Je l'aurais acceptée, répondit en souriant Bernardin de Saint-Pierre, si on me l'eût offerte; mais les gens même que vous venez de nommer, assurent que je n'entends rien aux lois de la politique parce que je n'ai étudié que les lois de la morale et les intérêts du genre humain. — Vous raillez, reprit Millevoie : on sait cependant que vous étiez porté sur toutes les listes des notables de la nation; on croit même que le chef du gouvernement qui avait d'abord recherché votre amitié, et auprès duquel vous fîtes une démarche indirecte, vous

proposa une place au Sénat. — J'en conviens, mais il y mit une condition que je ne pus accepter. Quant au sort de mes enfans, il serait assuré, si on exécutait les lois sur les contrefacteurs. — Pourquoi vous occuper de ces fripons? reprit le jeune poëte, la guerre que vous leur faites est interminable; et m'étonne moi-même. — Si vous saviez ce que cette guerre me coûte, elle vous étonnerait bien davantage; j'en ai toujours payé les frais. Mais je ne la cesserai pas au prix même de ma fortune, car je défends, non ma cause, non la cause des gens de lettres, mais l'intérêt de la justice qui est d'une toute autre importance! Il n'est pas moral de laisser le vol sans punition; si les tribunaux le tolèrent, la publicité doit le déshonorer. — Cette pensée est généreuse, mais elle pourrait n'être pas comprise! — Eh bien, reprit vivement Bernardin de Saint-Pierre, j'ajouterai pour les faibles intelligences, que si je redemande mon bien aux contrefacteurs, c'est qu'il me convient mieux de vivre du fruit de mon travail que de celui de l'intrigue; et que si je ne suis pas sénateur, c'est qu'il me paraît plus honnête de vendre mes ouvrages que ma conscience!

Cette réponse, mon ami, peint à la fois Bernardin de Saint-Pierre et son siècle. Croyez-moi, si au lieu de réclamer une modique pension due à ses services, il eût aspiré hautement aux premiers emplois de l'État; si au lieu de vivre du produit de ses ouvrages, il eût vendu sa conscience et se fût traîné avec son siècle dans la fange révolutionnaire; on ne l'accuserait point aujourd'hui de bassesse et de cupidité. Environné de ses complices, couvert des stigmates de la servitude, en recevant de l'or, il eût comme eux entendu l'apologie de son désintéressement; en servant la tyrannie, il eût comme eux entendu l'éloge de son courage! La fortune, la puissance lui eussent fait ces nombreux prôneurs que ne donnent ni la sagesse, ni la pauvreté. Car c'est l'innocence de sa vie qui a irrité les coupables, c'est la simplicité de ses goûts qui a servi leurs calomnies, c'est sa volonté ferme de conserver son indépendance qui a soulevé contre lui un peuple d'esclaves et de calomniateurs!

Ceci change toutes mes idées, reprit mon vieil ami. Au lieu de s'affliger de l'article de M. Durosoir, je vois qu'il faut s'en réjouir. En effet, n'est-il pas heureux qu'il se soit trouvé un homme assez intrépide pour se charger à lui seul du poids de toutes ces infamies. En les réunissant dans un seul tableau, il a mis le public à même d'en apprécier la valeur. Il voulait noircir la mémoire d'un grand homme, et il a donné la mesure de la bassesse et de la sottise de ses ennemis. Oh! le rapprochement inattendu de tant de belles inventions est une idée excellente! il étonnera, j'en suis sûr, les inventeurs eux-mêmes. Je me range donc à votre avis, point de réponse à M. Durosoir : mais en le repoussant de la lice vous devez y entrer; votre devoir est d'opposer la vérité aux mensonges, une apologie à une diatribe, les raisons du disciple aux injures des calomniateurs.

Vous voilà redevenu juste, lui dis-je; répondre aux injures de M. Durosoir, c'était trop descendre, mais tracer l'apologie de Bernardin de Saint-Pierre, c'est, comme vous le dites, un devoir, et je le remplirai.

Socrate appelé devant ses juges discourait des actions de sa vie, comme s'il eût oublié ses accusateurs. Hermogènes lui dit : Il me semble, Socrate, que tu devrais songer à te défendre! — Est-ce qu'il ne te paraît pas que je me défende, répondit Socrate, lorsque je réfléchis sur la manière dont j'ai passé ma vie! — Et en quoi cela peut-il te défendre? — En t'apprenant que je n'ai rien fait d'injuste'!

La défense de Bernardin de Saint-Pierre sera comme celle de Socrate! c'est en réfléchissant sur les actions de sa vie, que je montrerai aussi qu'il ne fit rien d'injuste.

Xénophon, *Apologie de Socrate*.

A ces mots, mon digne ami se leva, et me regardant avec des yeux satisfaits : Vous voilà chargé d'une noble tâche, me dit-il ; pour la remplir dignement, n'invoquez que la vérité : car la vérité suffit pour louer le sage qui lui consacra sa vie. En prononçant ces mots, il me serra la main, et sortit.

APOLOGIE.

✻

Resté seul, je m'abandonnai à mes réflexions. Pour les hommes vulgaires, me disais-je, qui ne cherchent ici-bas qu'une portion individuelle de bien-être, toutes les carrières sont bonnes; ouvriers, soldats, laboureurs, n'importe; mais pour les génies élevés dont la pensée s'étend sur le monde, et qui s'inquiètent de ses destins, deux routes seulement sont ouvertes, ils peuvent choisir entre les dons de la fortune et ceux de la vertu. Car les ames fortes ont besoin de s'occuper des grandes choses; leur règne est imposé au genre humain, comme un châtiment, ou comme un bienfait.

Parmi ces êtres privilégiés, ceux qui visent

au pouvoir se montrent d'abord généreux, nobles et flatteurs. Vertus d'ambitieux, simples apparences! S'ils donnent, c'est pour reprendre, s'ils flattent, c'est pour asservir, s'ils paraissent justes, c'est pour préparer les voies de l'injustice : de tels hommes sont le fléau des nations, ils règnent par l'avilissement et par la gloire, réduisant toutes les vertus à une seule : l'obéissance. Ainsi les temps modernes nous ont montré Buonaparte; et les temps antiques, César!

Ceux qui préfèrent la vertu au pouvoir cherchent aussi les suffrages des hommes qu'ils veulent rendre meilleurs et plus heureux : comme ils n'ont rien à donner, ils se donnent eux-mêmes; et tandis que les ambitieux laissent des empires à leurs esclaves, les sages ne laissent à leurs disciples que des vertus à suivre, de grands exemples à imiter. En Grèce, le divin Platon recueille l'héritage du divin Socrate; à Rome, d'infâmes triumvirs se partagent les dépouilles de César.

Bernardin de Saint-Pierre aimait la gloire, mais il voulait y arriver par la vertu. Né dans les beaux temps du règne de Louis XV, il put jouir, encore enfant, de l'aspect d'un peuple heureux; il lui suffisait alors de contempler le ciel, la mer et les riches campagnes de la Normandie, pour être heureux lui-même.

Ses études terminées, un état honorable se présentait à lui : élève des ponts et chaussées, estimé de ses chefs, chéri de ses camarades, en entrant dans la vie, tout dut lui paraître facile, la fortune, les succès, la gloire. Mais ses illusions durèrent peu. Déjà (en 1759) un malaise général se faisait sentir dans toutes les parties du corps politique; nos armées étaient battues, nos flottes dispersées, nos finances en désordre, et tous les pouvoirs avilis. Au milieu de cette dissolution générale, quelques encyclopédistes régnaient encore ; on leur donnait le nom de *philosophes,* ils étaient athées. A tant de maux, joignez la vénalité des charges, les priviléges des corps, les préjugés de la naissance, un roi sans volonté, une noblesse sans pouvoir, un clergé incrédule, et vous aurez une faible idée des plaies honteuses qui rongeaient nos vieilles institutions.

Pour subvenir aux dépenses de la cour, les ministres proposaient trop souvent des économies fatales aux administrations. Une de ces économies porta sur les fonds destinés aux ponts et chaussées, en sorte que la plupart des ingénieurs et tous les élèves furent remerciés. La mesure était générale : M. de Saint-Pierre ne put y échapper.

Ses regards se tournent alors vers l'armée du Rhin. Il offre ses services, on les accepte, et il se rend, en qualité d'ingénieur, auprès du comte de Saint-Germain. Il croyait courir à la fortune, mais il ne tarda pas à se désabuser. Dans les guerres en rase campagne, les ingénieurs n'ont aucun commandement, et toute action d'éclat leur est interdite; on les nommait alors, par dérision, *les immortels*. Obligé de renoncer à la gloire comme soldat,

M. de Saint-Pierre résolut de se distinguer comme ingénieur : il lève des plans, trace des cartes, prend des notes, rédige des mémoires ; tous ces matériaux sont successivement remis à l'ingénieur en chef, qui doit en rendre compte au ministre. Quelle fut donc la surprise de M. de Saint-Pierre, lorsqu'une lettre de Versailles lui apprit qu'on se plaignait en cour [1] de ne rien voir de son travail! Il se rend aussitôt chez l'ingénieur en chef, lui présente plusieurs plans nouveaux, et le prie de comprendre dans le reçu de ces pièces tous les plans déjà remis entre ses mains. L'ingénieur écrit quelques lignes, les donne à M. de Saint-Pierre, s'empare de ses papiers, et les dépose dans une armoire dont il retire la clef. Le billet tracé par l'ingénieur était conçu en ces termes : « M. de Saint-Pierre vient de me sou-

---

[1] *En cour.* Ce mot désignait autrefois toute l'administration du royaume ; il avait cet avantage que chaque Français, en s'attachant à la chose publique, se croyait sous les yeux du Roi.

» mettre le plan des positions de l'armée ;
» c'est le seul travail que j'aie reçu de cet in-
» génieur depuis son arrivée au camp. »

Malgré l'indignation que lui inspire ce billet, M. de Saint-Pierre conserve assez de sang-froid pour redemander ses papiers. L'ingénieur en chef met la main sur son sabre ; M. de Saint-Pierre saute sur l'épée du troisième ingénieur, présent à cette scène, et se porte vers son chef, qui prend la fuite en criant : *A l'assassin!* Cet événement, qui se passa à Staberg un mois après la bataille de Corbach, eut des suites funestes pour M. de Saint-Pierre ; il avait manqué à la discipline, il perdit son état.

Peu de temps après, Malte étant menacée d'un siége, on offre à M. de Saint-Pierre un brevet de capitaine ; il l'accepte, et court s'embarquer à Marseille. Arrivé à Malte, les ingénieurs refusent de le reconnaître ; l'esprit de corps le repousse ; il en appelle au ministre, la calomnie vient au secours de ses ennemis ;

ils écrivent à Versailles que l'ingénieur-géographe envoyé par la cour est devenu fou.

Qu'on ne s'étonne pas de cette nouvelle perfidie! Un esprit supérieur inquiète toujours les petits talens, et les petits talens ne veulent être ni surpassés ni jugés. Voilà pourquoi, dans tous les rangs, les hommes médiocres écrasent le mérite et protègent la nullité. Tel fut le destin de M. de Saint-Pierre : il eut quelques amis et beaucoup d'admirateurs, mais il fut persécuté par tous ceux qui purent voir en lui un juge ou un rival.

Victime aux ponts et chaussées d'une mesure injuste, à l'armée d'un chef perfide, à Malte de l'esprit de corps, il crut avoir acquis cette triste certitude, que, dans l'état de la société en France, un homme sans appui et sans fortune ne pouvait aspirer à rien d'honnête. « Que faire? disait-il; la plupart des emplois se vendent; il n'est permis qu'aux riches de servir la patrie, qu'aux nobles de la défendre ; tout ce qui ne s'achète pas est à la disposition des corps, et les corps persécutent tout ce qui ne leur appartient pas. » Frappé de ces pensées, il résolut de chercher hors de sa patrie l'existence que sa patrie lui refusait. Son délaissement, loin de l'accabler, lui fait naître le plus généreux des projets; il songe à secourir ceux qui sont délaissés comme lui; il veut rassembler dans une contrée déserte les infortunés de tous les pays. Là régneront les lois de la morale, là le malheur sera respecté, et la vertu en honneur. Pour faciliter le projet du philosophe, il le rattache aux intérêts du commerce; sa république sera le point de réunion entre l'Asie et l'Europe; elle accroîtra les relations du genre humain, elle fera bénir les malheureux!

Alors commence pour lui cette vie aventureuse qui serait le plus agréable des romans, si elle n'était la plus morale des histoires. Les épreuves ne serviront qu'à développer la force de son caractère, et il se montrera également armé contre les séductions de la fortune et contre les rigueurs de la misère.

Transporté au fond de la Russie, il y trouve des protecteurs qui deviennent aussitôt ses amis : l'un d'eux, M. de Villebois, tente, par une voie extraordinaire, de le faire réussir à la cour, et peut-être il ne tint qu'au jeune Français de supplanter Orlof, de prévenir Potenkin et de changer les destins du Nord. Les Orlof étaient des bergers nouvellement arrivés de l'Ukraine; Potenkin était un simple officier des gardes. Dans cette cour peuplée d'hommes nouveaux, il suffisait de plaire pour régner, le pouvoir y devait être une des faveurs de l'amour. L'Impératrice avait remarqué M. de Saint-Pierre : dès-lors les grands s'empressent autour de lui, les marchands lui offrent des équipages, des meubles, des hôtels. Comme César, il aurait pu dépenser sans mesure, et engager ses créanciers à pousser sa fortune; mais uniquement occupé de ses projets de colonie, il se refuse à toute intrigue. Des négocians lui fournissent des fonds, son plan est dans l'intérêt du pays, l'humanité le réclame, le commerce l'approuve, il est rejeté par le pouvoir.

Alors tout s'attriste autour de lui. Qu'a-t-il trouvé loin de sa patrie? une terre de glace, un peuple barbare, une cour corrompue, des amis malheureux! En proie à la plus noire mélancolie, sa santé s'altère, et dans son abattement il lui eût été doux de mourir!

Le baron de Breteuil, ambassadeur de France en Russie, lui dit un jour : « De grands événemens se préparent; la France n'y est pas étrangère : servez l'indépendance de la Pologne, c'est une occasion de revoir votre patrie, et de courir à la gloire par le chemin de la fortune. » Ces paroles suivies de confidences et de promesses raniment notre jeune aventurier. Son trouble se dissipe, sa douleur s'évanouit : il quitte le service de Russie, arrive en Pologne et tente de se jeter dans l'armée des indépendans ; mais trahi par l'infidélité de ses guides, il tombe au pouvoir des ennemis; on lui impose la condition de ne prendre aucun service pendant l'interrègne, et pour échapper à la Sibérie, il est obligé de renoncer à la gloire.

Il croyait avoir épuisé tous les maux de la vie; mais que devint-il, lorsque la voix terrible des passions se fit entendre? Toujours occupé de sa lutte contre le malheur, il n'avait point appris à combattre le plaisir. Une jeune princesse, parente du prince de Radziwil, lui témoigne un tendre intérêt; il aime, il est aimé. Alors la volupté, l'amour, l'ambition l'embrasent de tous leurs feux. Une guerre funeste s'élève dans son sein. Toutes les passions s'arment à la fois, l'une lui crie : Pour vivre heureux, il faut être riche et puissant; flatte, trompe, corromps, élève-toi à tout prix; l'homme sans puissance n'est rien sur la terre, on le méprise, il fait rougir ce qu'il aime! l'autre : La vertu est une chimère, le bonheur est dans le plaisir. Pourquoi ces vains combats? l'homme qui résiste à ses passions, ne jouit de rien; tout le trouble et l'enchaîne, et sa vie s'écoule entre la douleur et le repentir. L'amour venait alors : Si tu ne peux t'élever jusqu'à elle, disait-il, sois son esclave : n'es-tu pas assez riche pour l'aimer, assez noble pour la servir? que faire sans elle dans le monde? Consacre lui ta vie, ou meurs à ses pieds. Mais au milieu de ce choc des passions, la vertu se faisait encore entendre : Infortuné! lui disait-elle, tomberas-tu dans le mépris de toi-même qui est le plus grand de tous les maux? Te laisseras-tu vaincre à tes passions qui sont les plus trompeuses de toutes les amorces? Et parce que l'amour t'enivre, as-tu donc renoncé à ta propre estime? Il comprenait alors qu'il devait y avoir sur la terre un bonheur indépendant de l'amour, de l'ambition et des hommes, mais il ne pouvait encore s'y attacher. Tout meurtri de sa chute, on le vit long-temps errer dans les cours diverses de l'Allemagne, ne pouvant s'éloigner des lieux où il avait aimé, et comme un esclave échappé, traînant après lui les débris de sa chaîne.

En France, il avait éprouvé son courage contre l'ennemi sur un champ de bataille; en Russie contre les séductions d'un grand pouvoir; en Pologne contre l'exil, la prison, la mort; partout victorieux, il n'avait succombé que sous les traits de l'amour. Mais en succombant, il avait appris à combattre; son ame s'était épurée par les passions, comme l'or par le feu, comme le ciel par la tempête. Enfin, il revit la France; semblable à ces guerriers de Platon [1] qui se croyaient dignes des emplois de la république, après avoir vaincu la douleur, surmonté leurs passions et triomphé de la volupté, il pensait avoir reçu du malheur, le droit de servir sa patrie et peut-être de mourir pour elle.

Le baron de Breteuil, témoin de sa conduite en Russie et de son dévouement en Pologne,

---

[1] République, liv. III, p. 191.

venait de rentrer en France. Il lui proposa de réaliser à Madagascar, les projets de république dont il l'avait vu occupé à la cour de Catherine. Cette mission devant rester secrète, M. de Saint-Pierre reçut un brevet d'ingénieur pour l'Ile-de-France, mais hélas! ses illusions durèrent peu; le comte de Modave qui commandait l'expédition allait à Madagascar, non pour civiliser le pays, mais pour s'enrichir par la traite des noirs. M. de Saint-Pierre, instruit de ses projets pendant la traversée, en eut horreur, et, profitant de son brevet, il s'arrêta à l'Ile-de-France.

Cette île féconde jetée par la nature, comme un point de repos entre l'Europe, l'Asie et l'Afrique, pouvait être le séjour du bonheur, elle était le séjour de la haine et de la cupidité. On y voyait un peuple plus misérable que celui de Pologne; des esclaves plus à plaindre que ceux de la Russie; la pauvreté de Malte, les préjugés de la France, l'envie et l'ambition qui se trouvent partout. A cette vue, tous les projets dont M. de Saint-Pierre s'était bercé jusqu'à ce jour, s'évanouirent pour jamais. Les leçons du malheur lui avaient appris à profiter des leçons de l'expérience, et dès-lors il renonça à l'espoir de réunir les débris de nos sociétés corrompues pour en former un peuple heureux. Il se dit : Jusqu'à ce jour, j'ai couru après un vain fantôme : le bonheur n'est ni dans l'attrait des richesses, ni dans l'agitation du monde, ni dans les vanités du pouvoir; il est en nous. Retournons au point de départ et ne cherchons qu'en nous ce que nous seul pouvons nous donner. C'est avec ces sentimens de sagesse, qu'après trois ans d'exil, il revit la France, résolu de ne la plus quitter, et d'y chercher un emploi où il n'y eût à faire que du bien. Le moment de son retour fut un des plus heureux de sa vie : quarante ans de travail, d'études et de gloire, n'avaient pu en effacer le souvenir. Empressé de quitter une contrée que les noirs arrosent de leurs larmes, il avait séjourné au cap de Bonne-Espérance, également souillé par l'esclavage, et vu en passant l'Ile-de-l'Ascension dont les rochers sans herbes, sans buissons, sans eau, parurent plus affreux que ceux de la Terre de feu au capitaine Cook, qui avait fait trois fois le tour du monde. Enfin, il avait traversé l'équateur, si fatigant par ses chaleurs et par ses calmes. Le manque d'eau douce, l'ennui de la navigation, le souvenir de ces terres désolées, celui de l'humanité malheureuse, avaient répandu la tristesse dans tous les esprits, lorsque le 29 mai, au matin, il découvrit l'île de Groaix, près de laquelle on avait jeté l'ancre pendant la nuit. L'aurore lui fit voir la mer au loin couverte de bateaux allant à la pêche des sardines, qui arrivaient aussi ce jour-là sur les côtes de Bretagne. Des barques de pêcheurs sillonnaient les flots en tous sens ; elles étaient remplies de Rayes, de Lieux, d'énormes Congres, de Homards et de toutes sortes de poissons, la plupart vivans et colorés de violet, de bleu, de pourpre et de vermillon. Au milieu de cette abondance, on mit à la voile pour entrer dans le port de Lorient qui n'est qu'à deux lieues de l'île de Groaix : chemin faisant, il respirait l'air de la terre parfumé par le printemps, l'air de la France plus doux encore pour un Français que le parfum des fleurs. Il regardait en silence se déployer, devant lui, les collines tapissées de la plus riante verdure, leurs longues avenues de pommiers, les bocages qui les couronnent, les prairies couvertes de troupeaux et jusqu'aux landes lointaines toutes jaunes d'ajoncs fleuris. Tout avait sa parure printanière. Les rochers même de l'entrée du port Louis s'élevaient au-dessus des flots, couverts d'algues brunes, vertes et pourpres. En entrant dans la rade, les matelots, appuyés sur les passavans du vaisseau, reconnaissaient successivement les clochers de leurs villages. Ils se disaient les uns aux autres : Voilà Penn-Marck, voilà l'entrée de la rivière d'Hennebon, voici l'Abbaye de la Joie ; mais en abordant au port les larmes leur vinrent aux yeux, quand ils virent sur les quais, les uns leurs pères, les autres leurs femmes et leurs enfans qui leur tendaient les bras en les appelant par leurs noms. Touché de cette ivresse générale, M. de Saint-Pierre s'achemina vers une auberge; mais lorsque, retiré dans sa chambre, il vint à songer qu'il arrivait dans sa patrie plus pauvre qu'il n'en était sorti; qu'il n'avait ni enfant, ni épouse, ni père, ni mère, qui pussent recevoir ses embrassemens et lui donner des consolations, son ame se troubla, ses yeux se remplirent de larmes, il tomba à genoux suppliant cette Providence qui l'avait déjà préservé de tant de maux, de lui tenir lieu de père, de mère et de protecteur. Prière touchante qui fut exaucée ! car les nuages de son esprit s'évanouirent, et il ne retrouva plus dans son cœur que la joie de revoir sa patrie et de la revoir aux premiers jours du printemps.

Encore tout ému de ces pensées, il prit la route de Paris, ne demandant plus à la fortune qu'un peu d'aisance et un ami. Ces biens précieux, il crut les avoir trouvés dans l'affection d'un homme de cour dont tous les sentimens lui avaient paru pleins de délicatesse et de générosité; apparences trompeuses qu'il paya de toute sa confiance, comme il avait payé en Pologne les fantaisies d'une coquette de tout son amour! Le baron de Breteuil était un de ces protées habiles qui savent déguiser leur orgueil sous les formes gracieuses de la politesse, et donner l'air de la bienveillance à leur insolente protection. Sa vanité affectait toutes les vertus, son indifférence se jouait de tous les sentimens. Les lettres de M. de Saint-Pierre l'avaient intéressé; il comprit confusément qu'il pouvait tirer parti des talens de cet homme qu'il envoyait à son gré combattre en Pologne, ou faire des lois à Madagascar. Il savait d'ailleurs que si notre voyageur n'avait pas fait fortune aux Indes, il en rapportait de riches collections d'histoire naturelle : ces collections on les lui offrit, et il accepta tout de la meilleure grâce du monde ; conduite qui fut pour M. de Saint-Pierre comme le gage assuré d'une de ces amitiés exquises, que suivant l'expression de Montaigne il façonnait au patron de son ame forte et généreuse. N'entendant rien aux affections vulgaires, il voyait dans le cœur de son ami toutes les vertus qui n'étaient que dans le sien. Il se disait : J'ai trouvé un autre moi-même ; s'il accepte tout ce que je possède, c'est qu'il veut que rien ne me soit propre et que j'entre chez lui comme un enfant dans la maison de son père. Versons mon ame dans la sienne ; consacrons-lui mes travaux, faisons-lui part de mes pensées ; il a le pouvoir du bien, je l'aiderai dans cette tâche à la fois si douce et si difficile. L'amitié double la force des ames généreuses, l'amour n'est que la faiblesse des bons cœurs. Déjà dans sa naïve confiance il quitte tous les soins de la vie, ne songeant plus qu'à se rendre digne de son ami. Les plus trompeuses caresses entretiennent ses

illusions. « J'ai promesse de la cour, lui disait
» le baron de Breteuil, pour une grande
» ambassade à Naples, à Londres, à Vienne,
» qu'importe ! Vous viendrez avec moi, nous
» ne nous quitterons plus, et je trouverai jour
» à vous faire un sort digne des sentimens
» élevés que je vous reconnais [1]. » Le moment
de réaliser de si généreux projets ne se fit pas
attendre : M. de Breteuil fut nommé à l'ambassade de Naples. Ses vœux étaient remplis,
ce qu'il avait souhaité était en son pouvoir.
Que fait alors ce digne protecteur ? Il prévient
doucement son ami qu'il faut songer à retourner aux Indes : « Mon cher chevalier, lui dit-
il, ce n'est pas ma faute, vous n'êtes pas gentilhomme, je ne puis rien pour vous ? » Qu'on
imagine s'il est possible l'effet que ces paroles
durent produire sur le plus fier et le plus sensible de tous les hommes. La piqûre d'un serpent, le poignard d'un assassin, lui eussent

---

[1] Lettres du baron de Breteuil.

fait moins de mal. Un froid mortel le saisit, sa vue se trouble, toute son organisation en est ébranlée : hélas ! le bien qu'il voulait faire, son avenir, son ami, tout venait de disparaître. Plus cruelle que l'amour, l'amitié ne lui avait pas même laissé une illusion [1] !

Avec une ame moins élevée, M. de Saint-Pierre eût probablement réussi auprès du baron de Breteuil. Les grands protègent volontiers les talens qui les amusent, et les vices qui les flattent; mais tout ce qui n'est pas médiocre, leur échappe ou les blesse. Voilà pourquoi le génie des hommes supérieurs nuit toujours à leur fortune; voilà pourquoi, dans les sociétés modernes, on récompense quelquefois le talent, jamais la vertu !

Les encyclopédistes, qui vivaient dans l'intimité du baron de Breteuil, eurent à peine deviné que M. de Saint-Pierre avait à s'en plaindre, qu'ils lui en dirent du mal. Ceux

[1] Voyez tome I de la Correspondance, lettre 45, p. 172.

qui flattent les passions des grands, sont toujours les premiers à en médire. Pour lui, on le plaignait, on le trouvait digne d'un meilleur sort, on promettait de le protéger. Mais comme tous les emplois ne pouvaient convenir à un homme qui, suivant la belle expression de Plutarque, avait déjà planté et assis les fondemens dorés d'une bonne vie, les soidisant philosophes ne tardèrent pas à l'abandonner. Fatigués de le plaindre, ils le calomnièrent : sa tristesse était l'effet d'un remords, sa vertu, le langage de l'orgueil. Il avait refusé de servir leurs passions : c'était un homme inutile ; sa conversation n'abondait ni en sentences ni en maximes : c'était un homme sans talens. De son côté, il vint à découvrir que ces prétendus sages, qui parlaient sans cesse des intérêts du peuple, trafiquaient de leur pouvoir, et que les plus petits emplois étaient vendus par leurs secrétaires et leurs maitresses. Cette découverte lui fit perdre encore une illusion, et sa tristesse s'en augmenta. Partout, à la cour, à l'armée, chez les philosophes, il avait entendu citer avec éloges les plus beaux traits de l'histoire; il avait vu récompenser les peintres qui les représentent, les orateurs qui les exaltent, les poëtes qui les magnifient. Mais pas un encyclopédiste n'aurait voulu du mérite d'Épaminondas, l'homme de son temps qui savait le plus et parlait le moins; pas un officier ne se serait fait gloire de la continence de Bayard ou de Scipion; pas un ministre, du désintéressement de l'Hospital et de la pauvreté d'Aristide. Dans ce siècle de vanité, on discourait des vertus antiques; mais la vertu véritable restait dans l'oubli. Chacun songeait à se rendre plus habile, personne à devenir meilleur, et les philosophes eux-mêmes, avec leur style de rhéteur et leur fausse sagesse, ne se montraient que sous les déguisemens du rôle qu'ils s'étaient donné; semblables à ces acteurs qui viennent débiter sur la scène les belles sentences de la morale, et qui, au bruit des applaudissemens, courent ensuite derrière le théâtre étaler leur corruption et se rire de leur auditoire.

M. de Saint-Pierre reconnut enfin que la plus folle des vanités est de faire dépendre son sort de l'opinion d'autrui. Résolu de mettre désormais toute sa confiance en Dieu et de marcher seul dans les voies de la justice et de la vérité, il se retira du monde; mais en entrant dans la solitude, il n'y apporta ni amertume ni regrets. L'ingratitude des hommes l'avait porté à l'amour de Dieu, et l'amour de Dieu redoublait en lui l'amour de ses semblables. Éprouvé en même temps par toutes les passions, ses propres souffrances ne lui avaient fait sentir que le besoin de consoler les malheureux. Semblable à la pierre de touche qui reçoit l'empreinte de tous les métaux, mais qui ne conserve que celle de l'or, la sagesse seule était restée.

Depuis cette époque jusqu'à l'heure de sa mort, il ne laissa plus passer un seul jour sans s'occuper de l'étude de la nature, non-seulement dans son cabinet, mais dans ses promenades, ses voyages, ses lectures, le temps de ses repas, et celui même de son sommeil. En cherchant des forces contre le malheur, il avait trouvé une source inépuisable de consolations et d'espérances. Que de fois je lui ai entendu dire que si, à cette époque, il avait pu réunir mille écus de rente pour assurer le sort de sa sœur et le sien, il n'eût jamais songé à publier ses ouvrages, content de vivre ignoré et de léguer ensuite au public le fruit de ses travaux solitaires! Mais telle est la destinée humaine, ajoutait-il, en se raillant de la fortune, que la nécessité qui inspira les premiers vers d'Horace, me dictait à moi, pauvre songeur, un gros livre en prose!

Cependant le souci de vivre vint encore interrompre ses travaux. Son traitement d'ingénieur, d'abord réduit de moitié, avait été entièrement supprimé. Obligé de reparaître chez les ministres qui lui refusaient le prix de ses services, il sollicite les entreprises les plus périlleuses. Tantôt il veut civiliser la Corse, pénétrer en Amérique ou remonter le Nil jusqu'à sa source : tantôt il propose d'entreprendre seul à pied le voyage de l'Inde, alors peu connue des Européens ; mais toutes ses offres ayant été repoussées, il commençait à désespérer de la fortune, lorsqu'un homme excellent, un ami véritable, M. Mesnard [1], lui procura une grâce du roi, qui mit un terme à ces tristes démarches. Ce n'était ni une récompense, ni un traitement, ni une pension, c'était un secours de mille francs pris sur les fonds du contrôleur général des finances, et par conséquent incertain et précaire. M. de Saint-Pierre le reçut comme un bienfait de la Providence. Quelque modique que fût cette somme, elle suffisait à ses premiers besoins, et devenait ainsi la sauvegarde de sa liberté et de sa conscience. Il se

---

[1] M. Mesnard avait alors la ferme générale des Postes.

dit : Comme Virgile, j'ai part à la table d'Auguste ; comme lui, je veux consacrer ma vie à mon bienfaiteur. Je puis du fond de ma solitude faire entendre la vérité toujours si utile aux rois ; je puis aussi servir les malheureux ; le pain n'est pas le seul bien qui leur manque, et les consolations sont plus rares que l'or. Faisons entrer tous les hommes dans notre société ; mais ne cherchons des amis que parmi les infortunés. Assis avec eux sur la dernière marche, je pourrai encore servir ma patrie et le genre humain. Alors tournant les yeux vers le ciel, il le bénit, heureux de se retrouver dans la solitude à l'abri du besoin et des protecteurs. « O mon Dieu! s'écriait-il,
» les riches et les puissans croient qu'on est
» misérable et hors du monde, quand on ne
» vit pas comme eux ; mais ce sont eux qui,
» vivant loin de la nature, vivent hors du
» monde. Ils vous trouveraient, ô éternelle
» beauté, toujours ancienne et toujours nou-
» velle ! ô vie pure et bienheureuse de tous

» ceux qui vivent véritablement, s'ils vous
» cherchaient seulement au dedans d'eux-
» mêmes! Si vous étiez un amas stérile d'or,
» ou un roi victorieux qui ne vivra pas de-
» main, ou quelque femme attrayante et
» trompeuse, ils vous apercevraient, et vous
» attribueraient la puissance de leur donner
» quelque plaisir. Votre nature vaine occu-
» perait leur vanité; vous seriez un objet
» proportionné à leurs vertus craintives et
» rampantes. Mais parce que vous êtes
» trop au dedans d'eux, où ils ne rentrent
» jamais, et trop magnifique au dehors, où
» vous vous répandez dans l'infini, vous leur
» êtes un Dieu caché. Ils vous ont perdu en
» se perdant. L'ordre et la beauté même que
» vous avez répandus sur toutes vos créa-
» tures, comme des degrés pour élever
» l'homme à vous, sont devenus des voiles
» qui vous dérobent à leurs yeux malades. Ils
» n'en ont plus que pour voir des ombres; la
» lumière les éblouit. Ce qui n'est rien est

» tout pour eux ; ce qui est tout ne leur
» semble rien. Cependant, qui ne vous voit
» pas, n'a rien vu; qui ne vous goûte point,
» n'a jamais rien senti; il est comme s'il n'é-
» tait pas, et sa vie entière n'est qu'un songe
» malheureux. Moi-même, ô mon Dieu, égaré
» par une éducation trompeuse, j'ai cherché
» un vain bonheur dans les systèmes des
» sciences, dans les armes, dans la faveur
» des grands, quelquefois dans de frivoles et
» dangereux plaisirs. Dans toutes ces agita-
» tions, je courais après le malheur, tandis
» que le bonheur était auprès de moi. Quand
» j'étais loin de ma patrie, je soupirais après
» des biens que je n'y avais pas, et cependant
» vous me faisiez connaître les biens sans
» nombre que vous avez répandus sur toute
» la terre, qui est la patrie du genre humain.
» Je m'inquiétais de ne tenir ni à aucun grand
» ni à aucun corps, et j'ai été protégé par
» vous dans mille dangers, où ils ne peuvent
» rien. Je m'attristais de vivre seul et sans

» considération, et vous m'avez appris que
» la solitude valait mieux que le séjour des
» cours, et que la liberté était préférable à la
» grandeur. Je m'affligeais de n'avoir pas
» trouvé d'épouse qui eût été la compagne de
» ma vie et l'objet de mon amour, et votre
» sagesse m'invitait à marcher vers elle, et
» me montrait dans chacun de ses ouvrages
» une Vénus immortelle. Je n'ai cessé d'être
» heureux que quand j'ai cessé de me fier à
» vous. O mon Dieu ! donnez à mes faibles
» travaux, je ne dis pas la durée ou l'esprit
» de vie, mais la fraîcheur du moindre de
» vos ouvrages ! que leurs grâces divines
» passent dans mes écrits et ramène mon
» siècle à vous, comme elles m'y ont ramené
» moi-même ! Contre vous toute puissance est
» faiblesse; avec vous, toute faiblesse de-
» vient puissance. Quand les rudes aquilons
» ont ravagé la terre, vous appelez le plus
» faible des vents ; à votre voix le zéphir
» souffle, la verdure renaît, les douces pri-

» mevères et les humbles violettes colorent
» d'or et de pourpre le sein de nos rochers[1]. »
Ces pages ravissantes furent écrites dans un hôtel garni de la rue de la Madelaine-Saint-Honoré, où Bernardin de Saint-Pierre commença les *Études de la Nature*. Plus tard, en 1781, il quitta cet hôtel pour un petit donjon situé rue Saint-Etienne, près des Pères de la doctrine. Le bon marché du quartier, le plaisir de voir des jardins qui s'étendaient sous ses fenêtres déterminèrent ce nouveau choix. Là, exposé à tous les vents, l'été brûlé du soleil, l'hiver glacé par les frimas; toujours vêtu du même habit, seul, sans serviteur, obligé de se livrer aux soins les plus humbles de la vie; cet homme simple, qui voit accroître sa mauvaise fortune des ennuis de sa sœur et du trouble d'esprit d'un frère infortuné, cet homme froissé par les hommes, et qui sans doute leur paraît à tous

---

[1] *Études de la Nature*, tome I, p. 111.

si digne de pitié, gens du monde, ne le plaignez pas! Ah! si de vos palais somptueux, si, du sein de vos faux plaisirs, vous pouviez goûter la joie divine dont il s'enivre, s'il vous était donné d'entrevoir la douce lumière qui est au-dedans de lui, ces flammes d'amour qui le pénètrent, qui le consument, qui lui sont une source intarissable de délices, si vous jouissiez un seul jour de cette vie nouvelle que donne la sagesse, seul bien digne de l'homme, parce qu'il est en lui, parce qu'il ne lui est point ajouté comme vos tristes honneurs, comme vos richesses passagères, combien alors vous vous trouveriez misérables au milieu des illusions de la fortune! combien vous envieriez cette pauvreté, cette solitude qui vous paraissent si horribles! Voyez-le dans son étroit asile, assis auprès d'une petite table, un chien à ses pieds, les yeux fixés, tantôt sur un livre de voyage, tantôt sur une sphère armillaire ou sur un globe terrestre. Quelle science l'occupe? quelle scène s'ouvre devant lui? Le monde, qu'il étudie à la lueur de cette lampe, n'est-il à ses yeux qu'une vaste ruine tombée au hasard dans l'espace? Non, il lui apparaît comme un temple saint qu'une main divine soutient au milieu des astres; son génie en saisit les détails en même temps qu'il en embrasse l'ensemble; il passe des pôles à la ligne, du nord au midi, des déserts de la Finlande aux riantes solitudes de l'Ile-de-France; l'univers se présente à lui sortant des mains du Créateur avec ses grâces virginales et ses sublimes harmonies; il voit d'éternels couchans et d'éternelles aurores se succéder sans intervalles autour du globe; les vents qui soufflent à l'opposite les uns des autres, deux océans glacés, véritables sources des mers; des monts métalliques qui rassemblent les eaux à leurs sommets, et les versent en fleuves sur leurs flancs inclinés; des nuages d'or et de pourpre qui se soutiennent dans les airs d'une manière miraculeuse, et, par une prévoyance qui n'est point en eux, se dirigent toujours également sur le globe pour y entretenir la fraîcheur et la fécondité ; ce temple merveilleux, dont toutes les parties sont vivantes, qui repose non sur des rochers, mais sur la lumière et l'espace, renferme dans ses zônes célestes des vertus souvent méconnues et persécutées sur la terre, qu'elles couvrent de bienfaits, mais qui impriment leurs actions en caractères inaltérables et lumineux dans le ciel, dont elles sont descendues.

Voilà les richesses, voilà les contemplations de ce pauvre solitaire qui n'a peut-être au monde d'autre ami que le chien qui repose à ses pieds!

Mais, disent les savans, vers quelles sciences s'est dirigé son esprit? a-t-il, avec Herschel, surpris de nouveaux astres dans leurs marches? a-t-il, comme Linné, soumis les plantes à d'ingénieuses classifications? est-il entré dans le monde des infiniment petits, sur les traces de Réaumur et de Bonnet? ou, à l'exemple de Buffon, s'est-il attaché à reproduire tous les êtres qui peuplent le globe, dans une suite de portraits pleins de grâce ou de vigueur, mais dont aucun tableau ne montre les relations, dont aucune pensée ne réunit l'ensemble?

Émule de ces grands hommes, Bernardin de Saint-Pierre embrassa toutes les sciences, non pour les rattacher à de nouveaux systèmes, mais pour les ramener à la nature et à Dieu. Un esprit vaste reçoit la lumière de toutes parts et la réfléchit par faisceaux. S'il recueille les observations, c'est pour leur donner de l'étendue; s'il les rapproche ou les divise, c'est pour en tirer des conséquences; il étudie les détails, mais pour arriver à la contemplation de l'ensemble, car l'ensemble des choses est leur seul véritable point de vue. Idée profonde, révélée à Bernardin de Saint-Pierre par l'étude et l'observation et dont il fit la base de tous ses ouvrages. Ainsi chaque plante observée par Linné, il la replace dans son site; chaque insecte observé par Réaumur, il le rend à sa plante; chaque animal décrit par Buffon, il le ramène sur son sol natal. Nos vaines sciences avaient tout brouillé, en voulant tout classer; il rétablit l'ordre de Dieu même; il rend à chaque chose leurs relations primitives; il reconstruit le livre de la nature, afin de nous y faire lire successivement les lois de sa sagesse, les prévoyances de ces lois, et les bienfaits de ces prévoyances.

Cette marche si simple, et cependant si lumineuse, étonna les sophistes et blessa les savans : l'auteur écrasait l'athéisme, irritait les vanités, on l'accusa d'ignorance. Il s'en était accusé lui-même dans maints passages de son livre, conservant encore sur ses détracteurs cet avantage de savoir qu'il était ignorant. Mais cet ignorant avait eu sur toutes les sciences des aperçus nouveaux ; il s'était dit : Les savans n'étudient que leurs systèmes, source éternelle d'erreurs; étudions la nature, source éternelle de vérités. C'est en recherchant ses lois, et non en lui appliquant les nôtres, qu'on peut se promettre d'être utile aux hommes et agréable à Dieu. Dès-lors, la sagesse de la Providence lui est révélée, et, pour nous borner à un seul exemple, la géographie, science aride et confuse jusqu'à lui, devient tout-à-coup une science divine de proportion et d'ensemble ; où l'on n'avait vu que des ruines, son génie découvre un monument tout entier. En suivant la direction des montagnes, sur le globe, il reconnaît l'intelligence qui posa leurs fondemens; en suivant le cours des eaux, à travers les campagnes, il signale la sagesse qui pourvoit à nos besoins; en observant les différentes zones des végétaux et des animaux dans toutes les parties du monde, il nous apprend que chaque plante a son site, chaque animal sa patrie, et que Dieu l'a ainsi voulu afin que la terre entière appartînt à l'homme. Tout ce qui paraissait dans la confusion prend un ordre, tout ce qu'on attribuait au hasard devient l'œuvre d'une intelligence. Il y a une géographie des plantes, une géographie des animaux, une géographie des fleuves, une géographie des montagnes : c'est un monde nouveau que l'auteur dévoile et semble créer. Et que de prévoyances touchantes, que de relations inconnues entre ces divers phénomènes! Les végétaux sont comme de grandes familles qui se partagent le globe pour l'embellir et le féconder; l'air se charge des semences des plantes alpines, qui, semblables à des oiseaux, sont pourvues d'ailes légères; l'eau emporte les graines des plantes aquatiques qui voguent sous leurs voiles comme des nautiles, ou glissent sur leurs nageoires comme des poissons. Le point où elles croissent, celui où elles s'arrêtent changent les mœurs et les habitudes des peuples. La géographie botanique donne à notre observateur le tableau de toute la terre : ainsi pendant que la nuit couvre encore nos rivages, le soleil se lève sur les archipels des Philippines, des Moluques et des Célèbes. Déjà le noir insulaire de Gilolo secoue les clous du giroflier, et l'habitant de Sumatra vendange les grappes qui renferment le poivre. De tous côtés, sur les rives de Java, dans les forêts pleines de paons et de pigeons au plumage d'azur, on entend crouler les noix du muscadier. Plus au nord, vers le couchant, les filles de Ceylan roulent, posée sur leurs genoux, la tendre écorce de la cannelle. Mais déjà l'astre du jour inonde l'Asie orientale des feux du midi, et prolonge ceux du matin sur l'Afrique. Voyez l'Arabe de Moka emballer dans des peaux de chameau les fèves de ses cafés, tandis que d'autres Arabes, montés sur des bœufs, côtoient le Zara et viennent nous apporter, de l'embouchure du Sénégal, les gommes de l'Afrique et les parfums de l'Arabie.

Dans le même temps où le chant des coqs de l'Asie annonce minuit sur les côtes de l'Orient, le chant des coqs de l'Amérique annonce le point du jour sur les rivages de l'Occident. L'Indien de la Corée se couche sur ses ballots de coton, celui du Brésil se lève, pour tordre avec effort le tabac de ses plantages ; et tandis que le Chinois patient dort auprès de la corbeille où il a dépouillé pour nous, feuille à feuille, le léger arbrisseau du thé, des troupes d'enfans, au Mexique, ramassent sur les opuntia la cochenille, de leurs doigts teints de carmin, et les filles de Caracas cueillent sur les bords des fleuves les gousses du cacao, et sur les rochers voisins les siliques parfumées de la vanille !

Il me serait facile, en suivant les nombreux anneaux de cette chaîne, de montrer comment de simples relations botaniques peuvent donner le tableau du monde : lorsque les mœurs, les lois, la religion séparent les peuples et les irritent; il suffit d'une plante pour les rapprocher. C'est en dispersant ses productions sur la surface du globe, en donnant une Cérès, une Flore, une Pomone à chaque climat, que la nature a préparé l'union de tous les hommes, par le double attrait du besoin et du plaisir. La France, placée vers le milieu de la montagne, abritée de riantes collines, couverte de pommiers, de mûriers, d'oliviers et de vignes, jouit des travaux de tous les peuples de l'Europe, mais à son tour elle leur prodigue ses fruits, les invite à ses vendanges et verse joyeusement ses vins dans leurs coupes!

Ainsi l'homme est appelé, par ses besoins, à toutes les jouissances, par sa faiblesse, à l'union, et par son union, à l'Empire!

Dans ce système, mélange nouveau d'observations physiques et de vérités morales, tout est nécessaire, tout est à sa place; les harmonies se développent, les saisons se donnent la main, et les peuples, divisés par leurs passions, séparés par leurs mœurs, se trouvent appelés aux mêmes jouissances et viennent s'asseoir aux mêmes banquets. Ainsi l'auteur peint la nature et sait la faire aimer, car il ne compose pas seulement ses tableaux des descriptions les plus ravissantes, mais encore des observations les plus utiles, ne voulant pas ressembler à ces bergers qui, toujours occupés du plaisir, méprisent les plantes salutaires et n'assortissent leurs couronnes que des plus brillantes fleurs.

Sa confiance en Dieu l'avait éclairé sur les lois de la nature; son amour pour les hommes l'inspira dans l'étude des lois de la société. Il étendit ses idées à tous les peuples, et réunissant le monde physique et le monde moral par un seul principe, il chercha à reconnaître les effets de la Providence dans les institutions humaines, comme il les avait reconnus dans les œuvres du Créateur.

Plusieurs philosophes modernes, en se livrant à l'étude de l'homme et de la politique, ont recherché quelles étaient les institutions les plus propres à fonder le bonheur des sociétés. Imitateur de Xénophon et pensant, comme Plutarque, que la monarchie est le plus parfait des gouvernemens, l'auteur de Télémaque considéra chaque famille comme un peuple gouverné par un roi, chaque peuple comme une suite de familles gouvernées par un père, et le genre humain comme une suite de nations gouvernées par un Dieu. Remontant ainsi de la famille aux peuples, des peuples au genre humain et du genre humain au père de tous les hommes, il trouva l'origine de la royauté dans le ciel.

Laisser à la terre le modèle d'un grand roi, telle fut l'auguste mission de ce génie évangélique. C'est à la sagesse d'un seul qu'il rapporte le bonheur de tous. Il veut que les vertus descendent du roi au peuple, comme elles descendent du père à la famille, de Dieu au genre humain. Cette pensée occupa sa vie, dirigea ses études, inspira ses ouvrages; on la reconnaît dans ses Dialogues, dans l'Examen de conscience, dans les Lettres sur la religion : elle fait la base du Télémaque, livre que Montesquieu appelait si heureusement le livre divin de son siècle.

Plein d'amour pour les hommes, mais avec une ame moins tendre, une vertu moins élevée, J.-J. Rousseau se fit le précepteur des peuples, comme Fénélon l'était des rois. Il savait que la réforme des choses ne conduit à rien de bon, si elle n'est précédée de la réforme des mœurs : car ce n'est pas par des institutions qu'on arrive à la liberté, mais par la vertu. Cette pensée fit naître l'Émile, livre véhément dont la société tout entière éprouva l'influence, et dont peu de lecteurs devinèrent le but. Pour faire une nation il faut avoir des hommes, pour avoir des hommes il faut les instruire enfans [1]. J.-J. Rousseau avait senti que les utopies fondées sur la vertu ne sont inapplicables que parce qu'elles supposent des peuples parfaits disposés à les recevoir : il songea donc à faire un peuple avant de lui donner des lois. Ce fut le trait marquant de son génie, et le véritable but, le but secret de l'Émile. Et comment n'aurait-il pas rempli ce but? Comment n'aurait-il pas maîtrisé son

---

[1] Discours sur l'économie politique, OEuvres de Rousseau, tome VII, p. 297, édition de Poinçot.

siècle? Il offrait à la jeunesse les nobles images des vertus antiques, aux femmes les tableaux touchans de la famille et de la maternité; il vivifiait les ames par l'attrait invincible des sentimens naturels, il remuait les passions par les idées sublimes de liberté. Ainsi, quoiqu'il ne donnât que des préceptes individuels, il s'adressait à la nation entière, il l'animait d'une seule pensée, il la poussait en masse vers de nouvelles institutions; il devenait le père, l'instituteur de la génération naissante? Platon n'avait fait qu'étendre à tout un peuple les devoirs d'un homme, sa République est un admirable traité d'éducation; J.-J. Rousseau montra dans un seul homme le modèle idéal de tout un peuple : son Émile est une magnifique introduction à tous ses traités de politique. Mais en inspirant l'enthousiasme, trop souvent il oublie d'éclairer la raison; il ne s'aperçoit pas que la destruction des préjugés ouvre une vaste carrière à l'erreur; et là s'arrête son triomphe, le plus beau sans doute, mais aussi le plus dangereux qu'ait jamais remporté le génie!

A la suite de Fénélon et de Rousseau se présente Bernardin de Saint-Pierre. Moins exclusif que ses modèles, il ne trace aucun plan, ne rejette aucun système. L'homme appelé à vivre dans tous les climats, lui semble né pour tous les gouvernemens; royaume ou république, n'importe; son but n'est pas de renverser les institutions, mais d'y faire régner la justice.

Persuadé de cette vérité que l'ignorance est le partage des individus; l'erreur celui des nations et la science véritable celui du genre humain, il en tira cette conséquence, qu'il n'y a de vérités morales que celles qui conviennent aux intérêts non d'un homme, non d'un corps, non d'un peuple, mais au bonheur du monde entier. Principe admirable qui appartient à l'Évangile et devant lequel s'évanouissent les superstitions, les erreurs et les préjugés qui se partagent l'univers. L'auteur en fit la base de toutes les espèces de gouvernemens, c'est-à-dire le point de perfection vers lequel ils doivent tendre.

Tous nos maux, disait-il, viennent de notre faux savoir. La science véritable nous conduirait au bonheur, car elle comprend les convenances de la nature, et les observations du genre humain. Législateur, que veux-tu faire? des Grecs, des Romains, des Anglais : fais mieux encore, fais des hommes; tu prétends mesurer tes institutions sur les intérêts politiques qui isolent les gouvernemens, et moi je te propose de les fonder sur les vertus morales qui unissent les nations.

L'histoire de tous les siècles appuie ces principes. Le genre humain est solidaire : une injustice commise à Londres ou à Moscow peut ébranler le monde. Une doctrine ambitieuse soutenue à Rome peut renverser les rois et détrôner la religion. Voulez-vous savoir si une loi est morale, si elle est juste; ne consultez ni Athènes, ni Sparte, ni Rome, examinez si elle blesse les lois de la nature : on ne peut blesser ces lois sans outrager l'humanité, et cet outrage porte avec lui sa peine. Ainsi là où l'on renferme les femmes, il faut mutiler les hommes, là où un prêtre se voue au célibat, il faut qu'une femme se fasse religieuse; et cela devait être, car si l'on considère le genre humain dans son ensemble, on voit que les deux sexes y naissent en nombre égal. Les lois de la nature ne sont donc que les lois de la morale universelle : en vain nos législateurs les renversent pour satisfaire leurs passions, le grand législateur des mondes les rétablit pour satisfaire sa justice. Il attache à leur infraction l'avilissement des individus et le malheur des peuples.

C'est ainsi que Bernardin de Saint-Pierre nous montre tous les hommes enchaînés par les lois de la morale, comme il nous avait montré tous les peuples unis par les biens naturels. Différent en cela de Montesquieu qui attribue à l'influence du climat l'origine de certaines lois injustes et bizarres, il fait ressortir la nécessité des bonnes lois de la contemplation du globe, et de la conscience du genre humain.

Ces principes sont vastes, ils sont utiles, ils sont vrais. L'auteur les reproduit sans cesse, c'est le lien de tous ses ouvrages, et cependant je ne serais pas étonné qu'ils parussent nouveaux à quelques-uns des lecteurs de Bernardin de Saint-Pierre. Il ne dépend pas d'un écrivain de se donner des lecteurs attentifs; ce qui dépend de lui, c'est de dire la vérité, sauf à la voir méconnue, ou à se voir persécuté. Ainsi ceux qui n'ont écouté que l'harmonie de son style, n'ont rien entendu; ceux qui n'ont vu en lui qu'un grand peintre n'ont rien vu; et ceux qui n'ont cherché dans les Études que les méthodes des savans, n'y ont rien trouvé. Une pensée supérieure domine tout; elle unit l'homme aux nations, les nations au monde, et le monde à Dieu.

Telles sont les pensées, les observations et

les découvertes de Bernardin de Saint-Pierre. Le monde lui apparaît comme un paysage immense qui a des milliers d'aspects différens ; le physicien en observe les phénomènes et les explique ; le botaniste y recueille des plantes et les classe ; le chimiste y cherche les élémens des corps et les combine, et le géomètre leur applique des formules savantes qui lui en révèlent les lois. Les uns du fond de la vallée, les autres du sommet de la montagne, chacun suivant la place qu'il occupe et à la portée de sa vue, observent un des points de cet univers ; mais l'auteur des Études en embrasse l'ensemble et en dessine les proportions. Ses pensées, comme des filles du ciel, parcourent le globe pour en saisir les harmonies ; elles guident le voyageur dans ses courses lointaines, et s'asseyant auprès du pilote mélancolique, elles lui montrent dans les mêmes parages des courans attiédis et des courans glacés qui ne sont point marqués sur ses cartes ; elles lui découvrent les relations secrètes de ces courans avec les aquilons du pôle ¹, les vents réglés de la zône torride, l'ordre constant de nos saisons, et le cercle immense des harmonies du globe !

Non, l'Étude de la Nature n'est point une aride classification, une étude des genres, des classes et des espèces; c'est une hymne sublime et religieuse : il faut être poëte pour la chanter; il faut être chrétien pour la comprendre.

Qu'on ne s'étonne donc pas si les savans accoutumés à n'étudier que les méthodes, ont accusé d'ignorance un homme qui n'étudiait que la nature, et qui l'étudiait en présence de Dieu. Les sciences réduites à elles-mêmes sont semblables à ces chambrières du

---

¹ Des physiciens attachés à diverses expéditions viennent de mesurer, à l'aide du thermomètre, les différentes températures des courans, et ils ont publié, comme des observations nouvelles, les observations de Bernardin de Saint-Pierre. D'autres physiciens ont fait l'application de ses idées à la météorologie; tel est le professeur Dittman, en Allemagne.

palais d'Ithaque, qui trahissaient leur maîtresse et dépravaient leurs amans. Je veux bien, disait en riant Bernardin de Saint-Pierre, que les doctes et les savans courtisent parmi ces chambrières celles qui leur agréent, mais qu'ils ne trouvent pas mauvais si je m'en tiens à la maîtresse.

Tandis qu'il se raillait ainsi des savans, ceux-ci le prenaient en haine, et plaignant la faiblesse d'esprit qui le faisait croire en Dieu, ils cherchaient à l'accabler du poids de leur supériorité. C'est un pauvre botaniste, disait l'un, il ne connaît pas les méthodes, et n'a jamais lu nos catalogues. C'est un niais en politique, disait l'autre, il veut que le souverain propose les lois, que deux chambres les discutent, et que les ministres soient responsables. Mais ne voyez-vous pas que c'est un révolutionnaire, reprenait un troisième, il blâme l'esclavage des nègres, et dit que les rois sont faits pour les peuples, et non les peuples pour les rois. En vérité, disait un quatrième, le bon homme n'en sait pas davantage. Croirait-on qu'il demande une éducation nationale, comme si nous n'étions pas le peuple le plus poli et le mieux élevé de l'Europe? Son ouvrage est plein d'idées du même genre; il vante le bonheur de la campagne, les délices de la solitude : c'est un philosophe qui n'aime pas les villes et qui hait les riches. Telles sont les phrases que les ennemis de Bernardin de Saint-Pierre ne cessent de répéter, afin de les apprendre aux gens du monde qui les répètent à leur tour; car dans le monde où toutes les opinions sont reçues d'autorité, on lit peu, on lit mal, et l'on juge de tout.

Cependant comme les esprits éclairés persistaient à voir dans les Études de la Nature un grand écrivain, et que les nombreux lecteurs de Paul et Virginie confirmaient ce jugement par leurs larmes, on imagina d'affaiblir ce dernier hommage, en laissant dire du bien du livre et en disant du mal de l'auteur. Ne pouvant nier le talent, l'envie essaya de le dégrader. Bizarre destinée du génie ! pour détruire l'influence du philosophe, on l'accusait d'être un mauvais citoyen : pour détruire l'influence de l'observateur, on publiait qu'il n'était ni physicien, ni chimiste, ni botaniste ; les géomètres se moquaient de son ignorance, les politiques en faisaient un sot, les calomniateurs en firent un méchant.

Mais à ces tristes efforts de la haine, il suffit d'opposer les actions du sage, témoins irrécusables dans cette révolution qui soumit les hommes à de si terribles épreuves.

Lorsqu'il publia les Études, une fermentation générale agitait les esprits : tout tendait à se dissoudre. Les magistrats rêvaient la république, les prêtres se disaient citoyens de Rome, les philosophes citoyens du monde. Les uns demandaient l'indépendance, les autres réclamaient l'égalité : tous aspiraient aux mêmes désordres, depuis la noblesse, indignée de ne pouvoir monter plus haut ;

jusqu'à la bourgeoisie, humiliée de se voir placée si bas. Leurs cris réveillèrent la populace engourdie par la misère, et les passions déchaînées, la haine, la vengeance, les cupidités, les vanités, inondèrent la France de sang par le fer des bourreaux, et toute la terre par celui des soldats.

C'est alors que la fortune amena successivement aux pieds de Bernardin de Saint-Pierre les ambitieux qui voulaient dominer la France. Ils s'approchent de lui, et viennent dans sa pauvre retraite fléchir le genou devant cette plume divine qui, selon eux, avait écrit le roman de la nature, et dont ils imploraient le secours pour embellir celui de leur politique. Ils se disaient ses disciples, et cependant aucun n'avait reconnu en lui un ami de Dieu et des hommes, un philosophe rigide exercé à la vertu par le travail, l'injustice et la pauvreté. Tous oublièrent le sage et se prosternèrent devant l'écrivain. Servez-nous, lui disaient-ils, donnez à nos idées le charme de vos talens, et nous vous porterons à la fortune, et nous vous donnerons la gloire. Il les refusa, et fut calomnié.

Il avait résisté aux offres de M. Necker, on l'accusa d'apathie et de paresse ; il avait résisté aux offres de l'archevêque d'Aix, on l'accusa d'indifférence et de pusillanimité. Ce dernier lui proposait une pension du clergé, mais il fallait la solliciter, c'est-à-dire qu'il fallait se déclarer le champion de l'Église, et de généreux défenseur de la religion, descendre au rôle de salarié de ses ministres. Il repoussa un engagement, il eût accepté une récompense. L'abbé Fauchet vint à son tour, et lui offrit sa fortune et la main de sa nièce. Prédicateur du Roi, il voulait embellir ses sermons de l'éloquence de l'auteur des Études. Plaire à Louis XVI c'était obtenir la pourpre. M. de Saint-Pierre dissipa, en se retirant, les illusions de cet ambitieux, et l'abbé Fauchet ne pouvant devenir cardinal, se fit le missionnaire de la liberté et le prédicateur de la république. Peu de temps après, le faubourg Saint-Victor voulut porter l'auteur des Études à l'Assemblée constituante. Des hommes qui se disaient envoyés du peuple l'engagèrent à se déclarer contre la noblesse et le clergé. Il répondit en refusant son élection. Enfin madame de Genlis chercha à l'introduire dans le parti d'Orléans; cajoleries, petits soins, billets doux, prévenances, tout fut employé pour faire sa conquête : jamais la muse fantasque ne déploya tant d'adresse et de charme ; jamais elle ne fit jouer des ressorts si souples et si puissans ; il y fut pris, et reçut une pension du Prince. Mais un jour, à l'occasion d'une insinuation qu'il n'avait pas comprise, M. de Genlis lui dit en riant qu'il était le plus grand sot du monde, et que les princes ne donnaient rien pour rien. M. de Saint-Pierre fut si vivement frappé de ce discours, que dès le lendemain il renvoya le brevet du duc d'Orléans. Madame de Genlis se rappellera, je l'espère, ces circonstances, et combien je serais heureux, si les lignes que je viens de tracer pouvaient réveiller ses souvenirs et l'engager à peindre cette époque de sa vie qu'elle a si modestement oubliée dans ses Mémoires.

Telle fut, dans les premiers temps de la révolution, la conduite de Bernardin de Saint-Pierre : plus tard, obligé de réclamer, *pour vivre*, le prix de ses anciens services, il vit successivement venir à lui tous les chefs sanglans de la république. Il repoussa Brissot et recula d'épouvante devant Robespierre qui lui fit dire, qu'il n'y avait pas de fortune où il ne pût prétendre s'il voulait représenter sa conduite comme le résultat d'une mesure philosophique. Mon refus d'écrire en sa faveur, disait M. de Saint-Pierre, pouvait être suivi de ma mort, mais j'étais résolu de mourir plutôt que de manquer à ma conscience et à l'humanité [1].

[1] Voyez les Mémoires sur la Vie de Bernardin de Saint-Pierre.

Voilà les faits. Les contemporains sont là, et j'invoque leur témoignage ; qu'ils disent si, au milieu de notre révolution, ils ont vu un dévouement plus sublime à la cause de Dieu et de l'humanité ! qu'ils disent si le sage a manqué de force contre les séductions de la fortune, et s'il a été faible contre les menaces des bourreaux ! Ainsi la France, comme autrefois la Grèce, vit un homme, ferme sous le bouclier de sa conscience, servir sa famille en lui sacrifiant son repos, servir sa patrie en rendant hommage à la vérité, servir le genre humain en se montrant prêt à mourir pour elle !

Je n'ai donc point à le justifier, si les mêmes hommes qui étaient venus lui demander sa plume pour M. Necker, pour le duc d'Orléans, pour la Convention, pour Robespierre, s'empressèrent ensuite de répandre sur lui le venin de la calomnie. Ils lui auraient bien pardonné sa vertu ; ils ne pouvaient lui pardonner leur bassesse.

Mais revenons un moment sur nos pas, et voyons quelle était la fortune de cet homme qui savait souffrir l'injustice, et qui ne craignait pas la puissance. En 1792, il possédait trois mille francs de rente, terme de son ambition. Alors il se crut riche, et se proposa de tracer le plan des Harmonies, et surtout de terminer l'Arcadie dont il avait publié le premier livre. A ses projets de travail, se joignirent bientôt des projets de bonheur personnel. Après tant de maux, le sentiment lui en était doux comme celui d'une convalescence. Il entrevoyait dans le lointain une retraite champêtre, une jeune épouse, une heureuse famille. Comme il n'était plus jeune, il attendit, pour ainsi dire, le cœur qui devait s'offrir au sien. Depuis long-temps mademoiselle Didot s'était fait une douce habitude de le voir : elle admirait son génie, elle aimait sa vertu, elle ne craignit pas de lui en faire l'aveu, et lorsqu'il fut intendant du Jardin du Roi, les parens de cette jeune personne le pressèrent d'accepter sa main qu'elle lui avait offerte. C'est ainsi qu'il trouva, dans la fille de son imprimeur, une femme qui joignait à un bon cœur, une figure aimable, des habitudes vertueuses et de l'esprit naturel.

Toutes les choses de ce monde ont leurs déceptions. Le plus heureux mariage a les siennes. Les grossesses, les langueurs, la perte des enfans, les désespoirs qui suivent ces pertes, et tant de maux qu'aucune sagesse humaine ne saurait prévenir, allaient éprouver la constance de M. de Saint-Pierre, et troubler un bonheur dont il s'était fait de si douces images. La place d'intendant du Jardin du Roi ayant été supprimée, il se trouva sans revenu, et la révolution qui lui avait tout enlevé, ne lui laissait pas même la ressource de vendre ses ouvrages. Bientôt la mort de son beau-père vint accroître sa détresse. Le plus riche héritage se trouva disputé à la fois par des cohéritiers avides et par des nuées de créanciers. M. de Saint-Pierre, qui n'avait pas une dette personnelle, vit tout-à-coup sa petite maison d'Essonne chargée de deux cent quatre-vingt mille francs d'inscriptions. Chaque jour de nouvelles assignations portaient le trouble dans ses études et la ruine dans sa maison. Pour comble de douleur, sa jeune femme, épuisée par une maladie de poitrine, se mourait à ses yeux. Faible, mais aimante, elle pleurait sur son propre destin et sur l'abandon où allaient se trouver les tendres objets de son amour. Les divisions de sa famille l'avaient profondément blessée. Elle voyait ses enfans dépouillés, son mari calomnié, ruiné, et s'accusait de tous leurs maux. Eh quoi! disait-elle avec désespoir, en serrant ses enfans dans ses bras, eh quoi! chers nourrissons, il faudra donc vous voir arracher à la fois le patrimoine de votre père par des lois barbares, et celui de votre mère par des hommes injustes et cupides! A ces pensées sa tête s'égarait; elle maudissait tout ce qu'on doit aimer, la vie, la patrie, la famille. Vainement M. de Saint-Pierre l'environnait des secours de l'art, et des soins du plus tendre amour, il ne pouvait ni calmer la fièvre qui la dévorait, ni faire entrer la résignation dans son cœur. Souvent même elle repoussait son mari, éloignait ses enfans et tombait dans les accès de la plus noire mélancolie; car dans l'affaiblissement de ses facultés, voyant de toutes parts le triomphe des méchans, elle venait à douter s'il y avait une Providence. Hélas! en aggravant ainsi les peines du meilleur des hommes, elle était loin d'imaginer qu'elle préparait des armes à la calomnie, et qu'un jour viendrait où M. de Saint-Pierre se verrait accusé d'avoir fait le malheur de sa femme par ceux même qui la réduisaient au désespoir. Ainsi procèdent les méchans : ce n'est point assez pour eux de commettre le crime, il faut encore qu'ils en accusent la vertu !

Au milieu de ces tristes circonstances, M. de Saint-Pierre vit un jour entrer dans son cabinet un jeune officier dont la physionomie le frappa. Il croyait se rappeler ses traits, mais d'une manière confuse. Le jeune homme se hâta de lui dire qu'à peine adolescent, il avait osé lui écrire à l'occasion de Paul et Virginie ; puis il ajouta : Je viens réclamer aujourd'hui l'amitié que vous me promîtes alors dans une réponse que je conserve précieusement. M. de Saint-Pierre le pria de s'asseoir, et lui demanda son nom. Je m'appelle Louis, reprit l'officier ; je suis le frère et l'aide-de-camp du général Buonaparte [1]. Nous arrivons d'Italie, et je viens remercier l'auteur des Études des heureux momens que je dois à la lecture de son livre : nous le lisions souvent ; il reposait sous le chevet du général en chef comme Homère sous celui d'Alexandre ! Cette comparaison flatteuse fit sourire M. de Saint-Pierre ; mais comme si elle n'eût réveillé que son admira-

---

[1] Voyez, à la suite des Mémoires sur la vie et les ouvrages de Bernardin de Saint-Pierre, la lettre singulière de Louis Buonaparte.

tion pour Homère, il répondit : Homère est, à mon gré, le plus grand peintre de l'homme et de la nature. — Oui, et je n'ai point oublié le passage des Études où vous faites son éloge ; car vous aussi, vous êtes un grand peintre de la nature ! — J'ai tracé, reprit doucement Bernardin de Saint-Pierre, quelques faibles aperçus de ses plans sur la terre ; mais parlons de vos campagnes d'Italie. — La guerre est un sujet bien triste pour un ami des hommes, dit le jeune officier. — J'y prends part comme Français, reprit M. de Saint-Pierre ; d'ailleurs, j'ai habité les camps et vu la mort de près sur les champs de bataille. Il est vrai que depuis ce temps, j'ai beaucoup philosophé ; mais, comme dit Montaigne, philosopher, c'est encore apprendre à mourir. A la suite de ces préliminaires, la conversation s'engagea d'une manière plus vive; après quoi Louis Buonaparte, avec une brusque effusion de cœur, demanda à M. de Saint-Pierre la permission de le revoir ; permission dont il profita dès le lendemain. Dès-lors ses visites se succédèrent sans interruption. Souvent ils allaient ensemble aux Tuileries. Là, dans une allée solitaire, ils aimaient à s'entretenir de leurs peines. M. de Saint-Pierre, au déclin de la vie, voyait mourir sa jeune femme, et gémissait sur lui-même et sur ses enfans. Louis Buonaparte, à la fleur de l'âge, mais sombre, mécontent, malade, fatigué de la guerre, dégoûté du monde, se plaignait avec amertume des exigences de son frère, de la rudesse du service et de l'aridité des mathématiques. M. de Saint-Pierre écoutait doucement ses plaintes, et lui conseillait de mêler à de si pénibles travaux l'étude de la philosophie. C'est la vraie science de l'homme, lui disait-il ; elle le rend propre à toutes choses : par elle, Épictète était heureux dans les fers, et Marc-Aurèle sur le trône. Que vous soyez appelé à prendre part aux affaires publiques, elle vous fera goûter le plus grand des biens, celui d'être utile aux autres, en vous sacrifiant vous-même; que vous conserviez l'indépendance, elle mettra dans votre cœur la modération; qui est le vrai trésor du sage. Sans elle, les richesses ne sont rien; avec elle, la pauvreté est heureuse!

Ces entretiens philosophiques furent le seul résultat du rapprochement de Louis Buonaparte et de Bernardin de Saint-Pierre. Ces deux hommes eurent cela de remarquable, au milieu de leur siècle, que le plus jeune, élevé malgré lui sur un trône, en redescendit avec joie pour rentrer dans la vie privée; tandis que l'autre, préférant les douceurs de la sagesse aux jouissances de la fortune, s'endormit du sommeil du juste, après avoir méprisé l'ambition et vu passer à ses pieds tous les ambitieux.

Oh! c'est un ravissant spectacle que celui de l'homme de bien luttant contre les préjugés, la haine, la calomnie, et marchant d'un pas toujours égal dans l'étroit sentier de la vertu! Que peuvent contre lui les injures de la fortune? La misère le fortifie, les persécutions l'élèvent; il leur oppose l'éclat du génie et la puissance d'un noble caractère ! Couvert de ces armes divines, seul contre tous, ô mon maître ! tu échappas miraculeusement à la protection des philosophes, à la hache des bonnets rouges et aux chaînes dorées de Buonaparte !

Avec quelle joie je trace ces lignes pour la génération présente, pour cette génération qu'on veut nourrir de haine et qui bientôt n'osera plus croire à la vertu ! Puisse-t-elle en me lisant, je ne dis pas adopter mon témoignage, mais le soumettre au plus sévère examen ! Louis Buonaparte est plein de vie, et sans doute les imputations de M. de Las-Cases ne lui sont pas restées inconnues : j'en appelle à la rougeur qui a dû couvrir son front, s'il a lu ces lignes infâmes dont j'ai publiquement dénoncé l'imposture ! Il n'aura point oublié que lorsqu'entraîné par un noble instinct; il recherchait l'amitié de Bernardin de Saint-

Pierre, l'officier n'avait rien à donner et pouvait beaucoup recevoir, je ne parle pas d'argent, tous deux alors en étaient également dépourvus ; qu'il dise enfin si jamais l'auteur de Paul et Virginie, inspiré par une ambition tardive, est allé rappeler au roi de Hollande l'amitié que lui avait promise l'aide-de-camp du général Buonaparte !

Un matin Louis entra dans le cabinet de M. de Saint-Pierre, sa physionomie était soucieuse : Je ne voulais pas vous importuner, lui dit-il, mais ils l'ont exigé ; et prenant ses mains de l'air le plus caressant : Voici un ouvrage dont l'auteur est de mes amis, dites-moi franchement si vous le trouvez digne de l'impression. En parlant ainsi, il posa sur la table un rouleau de papier. M. de Saint-Pierre eût bien voulu se dispenser d'un pareil examen ; mais les instances de Louis furent si pressantes, qu'il fallut se rendre ; il promit même quelques notes, et dès le lendemain il se mit à l'ouvrage. La crainte d'avoir à juger un livre de politique s'évanouit à l'ouverture du manuscrit : c'était un petit roman pastoral, dans lequel, à sa grande surprise, il remarqua un tableau des malheurs de la guerre suivi d'une énergique apostrophe contre les ambitieux et les conquérans.

Cette lecture achevée, il attendit plusieurs jours Louis Buonaparte qui ne revint plus.

Trois mois s'étaient écoulés depuis sa dernière visite, lorsqu'un autre officier se présenta chez M. de Saint-Pierre ; celui-ci ressemblait à la fois à Louis et à Napoléon. Comme eux il portait un modeste uniforme ; il avait leur parler bref, leurs manières simples et brusques ; même air, même taille, même son de voix, seulement quelque chose de plus gracieux, de plus ouvert adoucissait sa physionomie : c'était Joseph, l'aîné des Buonaparte. Vous voyez le frère d'un de vos plus zélés admirateurs, dit-il à M. de Saint-Pierre, et je viens vous remercier des soins que vous avez bien voulu donner à un ouvrage dont je suis l'auteur. — Vous parlez sans doute du roman de *Moïna*, reprit M. de Saint-Pierre : l'agréable ouvrage! et combien j'en aime les généreux sentimens! — Oui, dit Joseph, des sentimens inspirés par la lecture de Paul et Virginie, mais il manque à tout cela le talent de l'écrivain : aussi le général a-t-il voulu que je vous visse, car il craint de passer à vos yeux pour l'auteur d'une aussi faible production. Après quelques complimens de part et d'autre, M. de Saint-Pierre rendit le manuscrit et Joseph se retira.

Napoléon vint à son tour : ce n'était pas la première avance que le guerrier faisait au philosophe. Dans le cours des campagnes d'Italie, ce héros, dont la gloire était alors toute nationale, lui avait écrit une lettre charmante. « Votre plume est un pinceau, lui
» disait-il, tout ce que vous peignez on le
» voit; vos ouvrages nous charment et nous
» consolent; vous serez à Paris un des hommes
» que je verrai le plus souvent et avec le plus

» de plaisir. » Cette prévenance d'un illustre guerrier, l'éclat de ses victoires, l'amitié de Louis, la visite de Joseph, tout avait favorablement disposé M. de Saint-Pierre, et cependant Buonaparte fut frappé de sa tristesse et peut-être de la froideur de son accueil; c'est qu'à cette époque les malheurs du père de famille étaient à leur comble : toutes ses ressources, comme nous l'avons déjà dit, se trouvaient épuisées, les huissiers assiégeaient sa porte, il voyait sa femme mourante, et depuis dix-huit mois, il n'était payé ni de sa gratification d'homme de lettres ni de son traitement de l'Institut. Buonaparte venait d'être élu par la classe des sciences : il parla beaucoup de ses projets de travail et de retraite; il dit qu'il voulait acheter une petite maison de campagne aux environs de Paris, et qu'il ne viendrait à la ville que pour assister aux séances de l'Institut. M. de Saint-Pierre applaudit naïvement à ce projet qui lui semble tout naturel; l'idée lui vient même de proposer sa petite maison d'Essonne au vainqueur de l'Italie qui sourit d'un air un peu embarrassé, et murmure tout bas quelques mots de train, d'équipage et de repos de chasse. M. de Saint-Pierre comprit aussitôt que ce jeune homme aux cheveux plats, au teint jaune, au maintien sévère, était toute autre chose qu'un Cincinnatus; dès-lors, il fut en méfiance, car il se dit : Cet homme est un ambitieux, il ne me flatte que pour s'emparer de ma volonté; et cette réflexion le refroidit encore. Cependant Buonaparte prolongea sa visite, et finit par engager M. de Saint-Pierre à dîner, mais comme celui-ci s'excusait sur la santé de sa femme : C'est un dîner d'amis, reprit Buonaparte, nous aurons Ducis, Collin d'Harleville, Lemercier, Arnault, etc. M. de Saint-Pierre persista dans son refus, et le général donnant un autre tour à la conversation, parla du désordre des finances, du retard des paiemens, lui demanda assez brusquement si ces retards le gênaient, après quoi il se leva et sortit.

Deux jours après, Buonaparte revint; il fut reçu par madame de Saint-Pierre qui se trouvait seule à la maison. Voilà, dit-il, en posant un sac d'argent sur la cheminée, une petite somme que je viens de toucher pour vous à l'Institut; ayant obtenu l'ordonnance du ministre, j'ai voulu la faire exécuter moi-même; à l'avenir nous n'éprouverons plus de retard! Puis il ajouta en se retirant : Il faut que M. de Saint-Pierre signe le registre à la première séance. (Les personnes qui ont lu M. de Las-Cases, reconnaîtront ici les faits sur lesquels il a établi ses assertions calomnieuses; heureusement Louis et Joseph Buonaparte vivent encore, ils diront quel est l'historien fidèle de M. de Las-Cases ou de moi.)

Touché d'une démarche aussi bienveillante, M. de Saint-Pierre crut devoir saisir cette occasion d'offrir au général un exemplaire des Études, et dès le lendemain il se présenta à son hôtel. Buonaparte demeurait alors rue de la Victoire : le portier, en voyant passer M. de

Saint-Pierre avec un paquet de livres, lui dit qu'il était défendu de rien offrir au général, et pour ne lui laisser aucun doute à cet égard, il lui montra de magnifiques vases d'or et d'argent étalés dans sa loge : c'était un présent des fournisseurs de l'armée ; le général n'avait pas même permis qu'on le déposât dans son antichambre. Cependant M. de Saint-Pierre insista, et tout en lui promettant le même sort qu'aux fournisseurs, on le laissa passer. La pièce qui précédait le cabinet du général, était pleine d'étrangers de distinction parmi lesquels se trouvait un corps diplomatique ; M. de Saint-Pierre traversa la foule, dit son nom et fut introduit. Buonaparté reçut ses remerciemens avec modestie, et son livre de la meilleure grâce du monde. Voyez, lui dit-il, en tirant de sa bibliothèque un exemplaire tout usé du même ouvrage, comme votre présent vient à propos ; vraiment ce jour est heureux pour moi ! Il prononça ces mots de l'air le plus aimable, en étalant sur la table quelques médailles récemment frappées sur les campagnes d'Italie; prenant ensuite une de ces médailles, il l'offrit à M. de Saint-Pierre et le pria de la conserver comme un souvenir de sa première visite. M. de Saint-Pierre voulait se retirer, Buonaparte le retint: Mais, dit M. de Saint-Pierre, des étrangers attendent à votre porte.— Eh bien! ils attendent, dit Buonaparte d'un ton rude, c'est leur vie; et avec un sourire méprisant: Ce sont les misérables agens de cette politique moderne qui ne sait que tromper, mentir, finasser sans jamais arriver au but. Il parlait ainsi, et sa main dirigeait machinalement un petit canon sur une table à la Tronchin.— Général, dit M. de Saint-Pierre, en posant le doigt sur le canon, voici un joujou qui, entre les mains d'un héros, arrange plus d'affaires en un jour que tous les cabinets de l'Europe en dix ans. Buonaparte leva un front pâle et soucieux, mais sa bouche était souriante et son regard pénétrant; il le fixa sur M. de Saint-Pierre comme pour lire dans sa pensée ; et se voyant observé par un homme qui savait lire aussi dans le secret des cœurs, il détourna les yeux et son sourire s'évanouit. En échangeant ce regard, ces deux hommes comprirent qu'ils n'étaient pas faits pour s'entendre : l'ambitieux et le sage s'étaient jugés!

Peu de temps après, M. de Saint-Pierre alla dîner chez Buonaparte qui avait renouvelé son invitation. Tout alors était modeste et sans faste, chez celui qui devait bientôt subjuguer l'Europe et habiter le palais de nos rois. Sa table était frugale; mais une femme pleine de grâce en faisait les honneurs, lui-même cherchait à plaire; il avait des éloges pour tous les talens, et chaque trait de sa louange renfermait une pensée! L'auteur d'Agamemnon, le père d'Othello, le peintre de Marius, les grâces modestes de Collin d'Harleville, les inspirations touchantes de Paul et Virginie recueillirent tour à tour les plus flatteuses paroles. On parla ensuite des campagnes d'Italie; Buonaparte raconta ses actions les plus glorieuses avec une énergique concision, mais froidement, comme s'il eût entretenu ses auditeurs des actions les plus communes : en prodiguant la louange, il y paraissait insensible; cependant quelques traits heureux épanouirent son visage. On avait pris le café; madame Buonaparte, s'approchant de son mari, lui frappa doucement sur l'épaule, en le priant de conduire ses convives dans le salon : Messieurs, dit Buonaparte, je vous prends à témoin, ma femme me bat. — Tout le monde sait, reprit vivement Collin d'Harleville, qu'elle seule a ce privilége. Ce mot eut les honneurs de la soirée et fut fort applaudi. Rentré dans le salon, Buonaparte resta debout; la conversation continuait sur les campagnes d'Italie, on se pressait autour de lui, et il s'abandonnait à toute sa verve. Il rapporta plusieurs traits de cette valeur brillante qui n'appartient qu'aux Français; il dit les actions d'éclat, les nobles dévouemens dont il avait été témoin; mais ce qui frappa surtout M. de Saint-Pierre, ce fut l'histoire pitoyable d'un chien resté sur le champ de bataille, auprès d'un soldat dont la tête était emportée. En nous voyant passer, dit Buonaparte, cet animal jetait dabord des cris de détresse, mais ayant reconnu que nous étions Français, il sembla par ses gémissemens nous appeler au secours de son maître. Je parcourais le champ de bataille en comptant nos morts et ceux des ennemis, comme un joueur qui veut connaître sa perte, compte ses pions et ceux de son adversaire, mais les cris et l'action de ce pauvre animal me remuèrent malgré moi; j'interrompis ma reconnaissance, et, plein de tristesse, je rentrai dans ma tente où cette impression me poursuivit long-temps.

Après quelques récits semblables, Buonaparte parla de son goût pour la retraite, du dessein qu'il avait de vivre à la campagne, et tout-à-coup, s'animant contre les journalistes qui osaient l'accuser d'ambition, il s'indigna de leur servilité et de leurs mensonges ; rappela plusieurs traits amers de satire dirigés contre la personne ou les écrits de ceux mêmes qui l'écoutaient, et finit par engager tous ses amis à se réunir à lui pour rédiger une feuille consacrée à la vérité et qui formerait l'opinion publique. L'adresse du héros ne réussit pas ; et soit que sa proposition eût effrayé la paresse de ses auditeurs, soit qu'elle eût éveillé quelques soupçons de ses projets, les uns s'excusèrent sur le mépris qu'inspiraient de si misérables adversaires ; les autres soutinrent, à l'exemple de Boileau, que la critique, même injuste, double les forces du génie. Mais un incident imprévu décida la question ; un poëte doué d'une voix sonore et d'une haute stature, apostrophant Buonaparte, lui dit : Général, vous nous appelez à un pouvoir qui ne souffre point de maître ! si nous devenions journalistes, vous nous redouteriez, vous nous écraseriez. S'il faut en croire l'événement, cette prévision ne déplut pas à Buonaparte ; elle lui apprit au moins le danger de ce qu'il souhaitait. Et qui pourrait dire ce que serait devenue la fortune de cet homme extraordinaire, si les Ducis, les Arnault, les Lemercier, les Collin d'Harleville, les Bernardin de Saint-Pierre, se rendant maîtres de l'opinion publique, l'avaient dirigée dans l'intérêt de la patrie et de la vertu ! Buonaparte ne songeait qu'à l'intérêt de sa gloire; il devint rêveur, distrait, ne prit plus aucune part à la conversation, et ses convives comprirent qu'il était temps de se retirer.

En confiant à Buonaparte le commandement de l'armée d'Italie, le Directoire n'avait pas prétendu donner un héros à la France; son but était de flatter Barras, et d'offrir un mari à madame de Beauharnais. Ces rois de notre république s'émerveillèrent d'abord des grands succès de leur petit général; ils allèrent même jusqu'à se parer de sa gloire, mais lorsqu'ils s'aperçurent qu'il grandissait à chaque bataille et que le nain devenait un géant, ils

craignirent d'avoir découvert un grand homme, et furent épouvantés de leur ouvrage. Pour échapper à la peur, ils imaginèrent l'expédition d'Égypte : les insensés croyaient dissiper le péril en l'éloignant! ils ne voyaient pas que prêter à un héros la distance, le temps, la gloire et nos soldats, c'était armer le bras qui devait les détruire.

A peine la France entrevit-elle un grand homme à son horizon, qu'elle rougit des maîtres que ses crimes lui avaient donnés. Ses vœux rappelaient le vainqueur d'Arcole et de Lodi, et déjà les manœuvres secrètes d'un frère habile préparaient son retour. Il revint, et saisit, dit-on, d'une main avide, mais tremblante, la puissance dont la soif le dévorait. Qu'elle était belle alors, cette puissance qui rétablissait un grand peuple! il effaçait nos douleurs en abaissant nos ennemis! il effaçait nos crimes en les couvrant de sa gloire! Sous le titre de premier consul, Buonaparte régnait.

Bernardin de Saint-Pierre put espérer alors

qu'il serait appelé au Sénat. La bienveillance publique le désignait, et son nom se trouvait sur toutes les listes des notables. Le premier consul l'en effaça; il fit plus : piqué sans doute de ne pas le voir dans la foule de ses courtisans, il lui suscita des persécutions à l'Institut. Puis dans le seul dessein de l'amener à lui, il fit courir le bruit que toutes les gratifications des gens de lettres allaient être supprimées. Poussé dans ses derniers retranchemens, M. de Saint-Pierre n'amena pas son pavillon, mais il entra en pourparler. Il adressa à M. Arnault (qui vivait alors dans la familiarité de Buonaparte) une lettre évidemment écrite pour le premier consul. Cette lettre est un modèle de naïveté, de finesse et de force. Bernardin de Saint-Pierre y fait d'abord l'apologie de Ducis qui venait de refuser la place de sénateur. Il s'excuse lui-même avec délicatesse, de n'avoir rien sollicité, et pour toute grâce il demande qu'on lui laisse sa gratification : c'est ce qu'il appelle *la portion de moine à laquelle on le réduit, et dont il se contente.* Très-bien, mon ami, disait gaiement Ducis à cette occasion : vous traitez Buonaparte comme Diogène traitait Alexandre ! vous ne lui demandez rien, mais vous lui dites : *Retire toi de mon soleil.* Cependant Buonaparte, instruit de cette démarche indirecte, crut devoir saisir l'occasion de jouer une place de sénateur contre la plume de Bernardin de Saint-Pierre. Ce n'était pas trop risquer sans doute : aussi ce dernier trouva-t-il bon de refuser la partie. J'ai déjà publié cette anecdote, et cependant j'en redirai les détails : il est des choses qui ne sont point encore assez dites, quand on ne les a dites que deux fois.

Peu de temps après la lettre à M. Arnault, M. de Saint-Pierre reçut la visite d'un jeune publiciste qui lui proposa, de la part de Buonaparte, d'écrire les campagnes d'Italie. Tous les papiers sont à votre disposition, lui dit-il, et ce travail vous ouvre les portes du Sénat. Buonaparte vous aime, mais il ne peut rien, si vous ne lui rendez un hommage public, car il doit beaucoup à vos ennemis [1]. M. de Saint-Pierre rejeta ces offres, et les persécutions sourdes recommencèrent [2]. Son refus se fit sans ostentation, sans éclat, sans bruit. Il sacrifiait sa fortune pour remplir un devoir et non pour s'attirer des applaudissemens; mais comme ses ressources diminuaient chaque jour, il résolut, dans l'intérêt de ses enfans, de tenter une entreprise qui ne coûtât rien à sa conscience. C'est alors qu'il imagina de publier une magnifique édition de Paul et Virginie, et d'échapper aux contrefacteurs par le luxe de l'impression et des gravures. L'idée était heureuse, mais il fallait de l'argent.

[1] Ces ennemis c'étaient les savans qui avaient porté Buonaparte au pouvoir, et qui professaient un grand mépris pour les lettres et pour la religion. Buonaparte les écoutait, mais il ne les croyait pas.

[2] On le renvoya du Louvre avec une indemnité de 600 francs, tandis que celle de tous ses confrères fut de 1200 francs. On réduisit ensuite sa gratification, qui était de 3,000 francs, à 2,400 francs. Enfin on le menaça de la suppression entière de cette gratification.

M. de Saint-Pierre crut résoudre le problème, en offrant son ouvrage par souscription. Dans sa candeur naïve, il se dit : Adressons-nous au public : pour le servir j'ai négligé ma fortune; c'est de lui que je dois recevoir ma récompense. Tu croyais, âme généreuse, éveiller la justice de tes contemporains ! tu en appelais à cette bienveillance nationale qui est le plus doux prix de la vertu, et le traité que tu proposais à tes lecteurs était comme un lien sacré qui devait les unir à toi. Mais cette pensée ne fut pas même comprise, et cinquante-cinq souscripteurs seulement répondirent à ce noble appel [1]. Je le dis en rougissant, j'ai entendu ses prétendus amis, calomnier sa vie pour ne pas souscrire à son livre;

[1] On voit avec plaisir, sur cette courte liste, les noms de quelques anciens amis de l'auteur. Gauthey, Lamendé, Roland, ses vieux camarades aux ponts et chaussées; et vous aussi pauvre Ducis, Dinge, Toscan, Arnault, Laya, Patris de Breuil, vous lui rendîtes cet hommage ! Une grande reine désirait souscrire; son ambassadeur, le marquis de L...., crut devoir refuser l'a-

j'ai vu de stupides admirateurs de ses belles phrases, assurer qu'il prostituait son talent parce qu'il osait se plaindre au public des vols des contrefacteurs; j'ai vu des femmes spirituelles et sensibles, le blâmer d'avoir refusé une place qui aurait assuré le sort de ses en— enfans. Dans leur exquise délicatesse, elles croyaient rougir des inconvenances d'un grand homme, et rougissaient de ses vertus. Dira-t-on que j'exagère ces ridicules opinions? qu'on ne m'en croie pas, j'y consens. Mais qu'on observe ce qui se passe à l'occasion du plus illustre disciple de ce grand maître; lui aussi méconnu, repoussé par le pouvoir, se voit obligé de publier ses ouvrages pour acquérir une modeste indépendance. Croit-on que la noble et douce pensée, de rendre un pur hom-

---

vance dès 36 fr., qui était une des conditions du marché, et le nom de la reine fut effacé de la liste des souscripteurs. C'est ainsi que l'écrivain resta toute sa vie inflexible dans sa dignité et dans sa justice. Pourquoi aurait-il fait à une reine d'autres conditions que celles qu'il faisait au public?

mage à ce beau génie, se soit emparée de toutes les ames? il n'en est rien. On calcule froidement si son libraire fait une bonne ou une mauvaise spéculation. Les temps sont mauvais, le commerce ne va pas, l'ouvrage est considérable.—Eh quoi! n'y a-t-il plus que de petits intérêts ou des passions coupables qui puissent nous remuer? n'éprouverons-nous jamais la joie d'un noble enthousiasme? C'est trop demander, dites-vous! — Eh bien, cessez donc de juger ce que vous ne sauriez comprendre!

L'édition de Paul et Virginie coûta 30,000 fr., et consomma la ruine de l'auteur. Cette édition n'était point encore publiée, lorsqu'un homme en crédit, M. Maret, sollicita son entrée à l'Institut. Bernardin de Saint-Pierre, profitant de cette circonstance, lui écrivit une lettre dans laquelle il osait rappeler le premier consul à des sentimens de justice et de dignité. Buonaparte lut cette lettre et n'y fut point insensible : huit jours après, ici les dates sont précieuses, on lisait le nom de Joseph sur la liste des souscripteurs. Plus tard M. de Saint-Pierre fut invité, par l'entremise de M. Andrieux, à se rendre à Morfontaine; ils y allèrent ensemble dans une voiture à quatre chevaux qui leur fut envoyée. Après le diner, Joseph Buonaparte, tirant M. de Saint-Pierre dans l'embrasure d'une fenêtre, lui proposa une habitation dans son parc et 6,000 francs de pension, avec un titre, ou sans titre, comme il le jugerait convenable. Un peu surpris de cette offre, M. de Saint-Pierre gardait le silence; mais Joseph se hâtant de le rassurer, lui dit : « Quoique j'aie toujours eu le désir de vous être utile, ce n'est pas mon argent que je vous offre, c'est celui du gouvernement; c'est une faible récompense de ce que la nation doit à vos longs services. » M. de Saint-Pierre comprit que Buonaparte consentait enfin à lui laisser son indépendance. Toutefois, entrevoyant encore quelque apparence de vassalage dans les propositions de Joseph, il lui dit :

« Lorsque l'infortuné Louis XVI me fit offrir par M. Terrier de Monciel, alors son ministre, la place d'intendant du Jardin du Roi, je pris trois jours pour me décider. Accordez-moi le même délai, car je ne puis rien accepter d'aucun homme, sans en avoir délibéré avec moi-même. » De retour à Paris, M. de Saint-Pierre eut un entretien avec Ducis, et après deux jours de réflexions, il écrivit à Joseph : « Je ne puis accepter ni place ni titre, mais je consens à vous être attaché par les liens de la reconnaissance. » O Joseph ! puisse la gloire d'avoir été l'appui d'un grand homme, vous consoler dans votre solitude ! puisse le souvenir d'un bienfait qui ne fit point un ingrat éloigner l'amertume de votre cœur ; jouissez, aux jours de l'infortune, d'une reconnaissance qui vous fut fidèle sur la terre, et qui dure encore dans le ciel !

Napoléon n'a fait que passer. Comme un torrent produit par l'orage, il a bouleversé, il a rajeuni le sein de la vieille Europe. Nos soldats, poussés par son ambition et guidés par la gloire, voulaient asservir le monde, et ils ont réveillé la liberté endormie sur les bords du Nil et de la Moscowa. A leurs cris de victoire, à leurs cris de détresse, du Nord au Midi, les peuples se sont émus, et, secouant leurs chaînes, ils ont demandé des institutions libérales aux rois qu'ils avaient délivrés d'un despote. Ainsi l'indépendance du monde est sortie vivante de notre court asservissement. La Providence a permis que le tyran des peuples leur ait légué la liberté.

Appelé par la reconnaissance à rendre hommage à un grand guerrier, Bernardin de Saint-Pierre aura parlé dignement si son langage doit être un jour celui de la postérité; on lui a reproché cet éloge, et cet éloge ne renferme que des faits consacrés par l'histoire. Le sage invite les muses à célébrer, non les conquêtes de Napoléon, mais la paix qu'il doit donner au monde; il admire le héros, et remarque cependant qu'il manque quelque chose à sa renommée. « Tu ne seras l'amour des humains, dit-il, que si tu mets ta gloire dans leur bonheur ¹. »

Les cœurs froids m'accuseront sans doute de donner trop d'importance à de petites choses ; et si je ne signale ces petites choses, ils diront que j'ai laissé les faits les plus graves sans réponse. Semblables à ces accusateurs qui veillaient en Égypte, à l'entrée des Pyramides, ils se sont assis sur la tombe de l'homme de bien, et ils ont dit : Il ne reposera pas en paix, qu'il ne nous ait rendu compte de sa vie. Mais déjà Bernardin de Saint-Pierre avait rempli cette honorable tâche ; ses ouvrages le représentent tout entier. Vous le retrouverez dans l'admirable dialogue de Paul et du Vieillard, opposant les agitations de sa jeunesse à l'expérience de son âge mûr. Vous le retrou-

¹ On sait que le cardinal Mauri et Regnaud-Saint-Jean-d'Angely le forcèrent de supprimer un paragraphe entier du Discours académique où se trouve cet éloge, en disant que l'Empereur n'aimait ni les leçons ni les conseils.

verez dans la sainte résignation du Paria, dans la pitié de Bénézet pour les malheureux, dans l'amour de Céphas pour le genre humain. Il n'a cessé de se peindre en peignant la vertu, et partout ses sublimes contemplations nous révèlent cette simplicité de cœur qui appartient à l'honnête homme, et qui constitue le génie!

Bernardin de Saint-Pierre aimait les hommes et voyait leur faiblesse avec indulgence. Son humeur était douce, un peu railleuse, parfois mélancolique. Sa voix touchante, ses paroles simples, son regard fin et caressant pénétraient les cœurs. Son teint était frais et vermeil; les grâces de la jeunesse semblaient encore se jouer sur son front et autour de ses lèvres souvent embellies du plus gracieux sourire. La vue des enfans le réjouissait. Il se plaisait avec les jeunes gens quand ils étaient modestes, et jamais son éloquence n'était plus élevée que lorsqu'il voulait faire passer dans leur ame cette force qui était en lui, et sans laquelle il n'y a point de vertu.

Au milieu de sa famille, M. de Saint-Pierre était plein d'abandon. Dans le monde il avait de la noblesse et de la simplicité. D'un coup-d'œil il pénétrait un homme. Avait-il affaire à un sot, il se taisait; à un fat, il le raillait; à un méchant, il s'éloignait. Se trouvait-il au milieu de personnes entièrement étrangères à tout intérêt moral, et toujours occupées d'objets mécaniques ou de spéculations mercantiles, il les écoutait, les questionnait, les remerciait; il savait en apprendre quelque chose. Ainsi un papetier, un graveur, un fondeur de caractères, un marchand de tableaux, pouvaient facilement le prendre pour un sot, et se croire, eux, des gens de génie. Se trouvait-il dans un cercle d'hommes choisis, dont les cœurs battaient à l'unisson du sien, son éloquence devenait touchante et sublime. Il contait avec tant de charme, que j'ai vu ses enfans eux-mêmes perdre en l'écoutant toute leur turbulence, rester immobiles, respirant à peine, les yeux attachés sur les siens, et comme suspendus à ses lèvres, croyant voir ce qu'il avait vu, et sentir ce qu'il avait senti. Les gens du monde, presque toujours aussi turbulens et plus inconsidérés que des enfans, s'accoutumaient avec peine à la lenteur de son élocution, mais dès qu'ils avaient goûté le charme de ses paroles, ils ne pouvaient plus s'en déprendre. Que de fois je me suis trouvé meilleur en le quittant! que de fois, pour conserver l'enchantement de ses pensées, j'ai cherché à les ressaisir dans ses ouvrages! Alors la vertu me semblait naturelle et facile; une flamme divine me consumait: j'étais comme ces disciples de Jésus-Christ, qui, en se rappelant l'impression de ses discours, se disaient entre eux : « Notre cœur brûlait en l'écoutant! »

Que les pensées des grandes ames se corrompent dans l'ame du méchant; qu'elles blessent les petits esprits et meurent sur les cœurs froids; l'honneur de l'humanité est sauvé si, semblables à une rosée céleste, elles fécondent le génie et la vertu !

Telle fut l'influence de Bernardin de Saint-Pierre ! Tel fut le mouvement donné par son génie ! Sa gloire préside à un siècle nouveau ! Qui n'a reconnu ses couleurs dans les pages de notre premier écrivain, sa manière d'observer dans les relations d'un illustre voyageur, et son inspiration dans les accords de notre plus grand poëte ! Châteaubriand, Lamartine, Humboldt, vous êtes sortis de son école ! Delille, privé de la lumière, disait que les Études de la Nature étaient les yeux de son intelligence, et Girodet se plaisait à répéter que ce livre lui avait appris à voir la nature et à sentir Virgile. Sois donc à jamais cher aux peintres, aux poëtes, aux voyageurs et aux philosophes, toi qui fus l'élève de l'antiquité, de la nature et du malheur ! Sois à jamais cher à l'homme de bien, toi l'ami de Ducis et de Jean-Jacques; sois cher surtout aux infortunés! Tes ouvrages, portés dans l'exil, devinrent une source d'abondance pour les émigrés français, et sur les rochers de Sainte-Hélène, ils consolèrent Buonaparte dans son adversité ¹.

¹ Dans les derniers temps de sa vie, Buonaparte lisait sans cesse Paul et Virginie. — On sait aussi que plusieurs émigrés réfugiés à Londres se firent libraires, et qu'ils y vécurent fort à l'aise de la vente des ouvrages de Bernardin de Saint-Pierre (voyez le Préambule de l'Edition in-4° de *Paul et Virginie*, p. 11).

CORRESPONDANCE.

CORRESPONDANCE

DE

J.-H. BERNARDIN
DE SAINT-PIERRE.

❖❖❖❖❖❖❖❖❖❖❖❖❖❖❖❖❖❖❖❖:❖❖❖❖❖❖❖❖❖❖❖❖❖❖❖❖❖❖❖❖

N° 1.

A MONSIEUR HENNIN, A VIENNE [1].

Varsovie, ce 25 juillet 1764.

Monsieur et ami,

On a été ici très-sensible à votre départ; madame la princesse Maréchale, la princesse M....

---

[1] Pierre-Michel Hennin, né à Magny dans le Vexin, le 30 août 1728, de Jean-Michel Hennin, avocat au parlement, fut envoyé en 1752 comme secrétaire d'ambassade en Pologne, où il resta avec le titre de chargé

particulièrement, et toute la troupe brillante des jeunes palatines, starostines, etc., me parlent souvent de vous. M. le grand maréchal vous est sincèrement attaché; il espère, m'a-t-il dit, de vous revoir bientôt ici. Il me disait hier: La dernière fois que M. Hennin est venu me voir, il avait l'air embarrassé, lui qui avait toujours été si libre avec moi. J'ai répondu : La tristesse donne de la contrainte. Il ajouta : Je l'aime de tout mon cœur, faites-lui mes complimens. M. l'évêque de Kiovie, à qui j'ai remis vos livres, vous regrette aussi beaucoup. Dans ce grand nombre de princes, de princesses et de prélats qui pensent à vous et qui parlent de vous, songez

---

d'affaires après le départ de l'ambassadeur. En 1765 il fut nommé résident de France à Genève, et en 1783 secrétaire de la chambre et du cabinet du roi. Il mourut en 1807. M. Hennin cultivait les arts et les sciences avec succès. Il fut lié avec Voltaire, et leur correspondance a été publiée en 1825 par M. Hennin fils. L'excellente Notice placée à la tête de ces lettres nous a fourni les détails qu'on vient de lire. M. de Saint-Pierre rencontra M. Hennin en Pologne, et dès-lors la plus tendre amitié s'établit entre eux. Leur correspondance date de 1764, époque à laquelle M. Hennin se trouvait à Vienne ; elle se termine en 1789. „

qu'il y a un homme que votre absence afflige et qui ne peut s'en plaindre à personne.

Quoique je vous écrive par une occasion sûre, vous ne verrez pas beaucoup de nouvelles dans ma lettre. Je me suis fixé à mon journal et à l'histoire du temps. Les nouvelles courantes ne signifient rien. Le prince *Radjivil* est à Kaminieck; on dit qu'il a fait arrêter Trechaski pour n'avoir pas observé assez de modération dans les courses de son armée. Si cela est vrai, il veut se raccommoder avec les Russes, qui sont très-modérés, comme tout le monde sait.

Il y a eu un staroste fusillé par l'ordre du tribunal des Kaptares. Ce staroste faisait des levées et tirait des contributions; on l'a traité comme un ennemi public. M. le résident de Vienne vous dira son nom, car je ne l'ai pas encore marqué dans mon journal. Vous saurez que j'étudie le droit de la Pologne afin d'écrire sur l'élection quelque chose digne de votre approbation. Vous m'obligerez de me donner le plus tôt qu'il sera possible des nouvelles de Versailles, où votre recommandation peut me mener à quelque chose de réel. Lorsque vous me parlerez de ce pays-là je vous entendrai à demi-mot. Faites-leur bien sentir que si je n'ai pas mérité les faveurs de la cour, ce n'est pas faute de zèle, et que j'ai cherché à être utile dans une autre carrière, comme vous pourrez en juger lorsque je vous verrai à Vienne.

On a envoyé à M. Dangér un boîte d'or de la part du grand général: j'ai soupé le 21 chez la grande chambellane. Il y avait César et sa fortune, et tout le parti de Pompée. On s'est salué si poliment, si respectueusement et si froidement, qu'il était facile de voir que tout le monde était fort bien élevé. On s'est mis à table ensemble, et on ne s'est point mêlé. Je me trouvais entre l'abbé Poignatoski et le comte d'Argenteau. Je ressemblais à ces poteaux de démarcation qu'on voit sur les frontières. Là finit un royaume et un autre royaume commence.

Enfin, jusqu'aujourd'hui j'ai été invité alternativement. Mais ce qui doit être une époque mémorable, c'est la fête que donna hier la princesse M..... à l'occasion de la patronne de la princesse Christine, fille aînée de la princesse Sanguscko. On avait invité un grand nombre de personnes à souper. On dansa dans les deux premières salles jusqu'à la nuit. Les volets du jardin étaient fermés à cause du soleil. Lorsque la nuit fut venue, tout-à-coup ces volets mystérieux s'ouvrirent, et on aperçut tout le jardin illuminé dans un ordre exquis. Quatre grandes girandoles, entrecoupées de plusieurs petites, marquaient les principaux angles de la plate-bande. D'autres girandoles avec deux cordons de lampions dessinaient la partie circulaire des charmilles. L'allée du milieu, brillante comme le soleil d'été, annonçait un magnifique cartouche adossé au pavillon de treillage. Dans le milieu de ce cartouche était dessiné un grand C plus éclatant sans contredit que le croissant de la lune. Tout le monde accourut au jardin où les danses recommencèrent avec une gaieté inspirée par la douceur et la beauté de la nuit. A droite étaient servies sous les arbres trois tables de douze couverts chacune. On s'y assit sans cérémonie et sans contrainte, car vous eussiez dit que c'était une troupe de bergers et de nymphes qui se réjouissaient au bruit des chalumeaux.

Il n'y eut que le repas qui ne fut point du tout pastoral. On y fit une chère exquise. On y but d'excellent vin de Champagne et à votre santé. La princesse M..... allait partout répandant la joie. Enfin, cette fête, qui fut applaudie par toutes les femmes, ne finit qu'à trois heures du matin. Je me suis retiré chez moi où j'ai rêvé les bords du Lignon et toute l'Arcadie pastorale. Mais ce qui doit bien vous flatter, c'est qu'au milieu des applaudissemens et des louanges que recevait la princesse de M....., elle s'est approchée de moi pour me dire : Mon Dieu ! que je voudrais bien que M. Hennin fût ici !

Et moi aussi, Monsieur, je voudrais bien que vous y fussiez ; toutes ces fêtes-là ne m'amusent pas tant que vous croyez bien. Lorsque je rentre chez moi, je compare naturellement mon état avec tout ce qui m'environne, et je vois que je ne suis rien, et qu'il faudra bientôt renoncer à tout cela ; un ami solide et accrédité conviendrait mieux à mon caractère et à ma fortune, je l'aurai trouvé en vous si votre amitié s'acquiert par de l'amitié.

Enfin, parons-nous de roses encore qu'elles passent vite. Le récit de ces plaisirs peut vous en rappeler de plus tendres ; il sera donc intéressant pour moi de vous entretenir toujours de vos anciens amis. Faites-moi part de vos divertissemens de Vienne; vous savez, Monsieur, qu'il m'importe d'avoir quelques notions de ce pays-là, car j'ai intention de ménager toutes les cordes de mon arc.

J'ai l'honneur d'être, Monsieur, avec bien de la reconnaissance et une sincère amitié,

Votre, etc.

Le chevalier DE SAINT-PIERRE.

On a mis les armes de Prusse sur la porte de la maison où je demeure, afin, dit-on, que l'hôtel soit sous la protection de quelque puissance. Il paraît que M. de R. offre des cierges à saint Michel et au diable. Tout le monde me charge de mille et mille complimens.

N° 2.

RÉPONSE DE MONSIEUR HENNIN [1].

A Vienne, le 6 août 1764.

Je ne vous demande point de nouvelles politiques, puisque, par une délicatesse que j'approuve, vous vous trouvez les mains liées à cet égard.

Vous me faites bien plaisir, Monsieur, en me disant que les personnes dont vous me parlez se souviennent de moi. Je ne vous di-

---

[1] Les lettres de M. Hennin ne manquent pas d'intérêt; cependant nous ne publierons que les premières, parce qu'elles sont indispensables à l'intelligence des lettres de Bernardin de Saint-Pierre.

j'ai rien de trop en vous assurant que mon cœur est toujours à Varsovie et qu'il y sera long-temps. Faites, je vous prie, ma cour, dans l'occasion, à toutes les dames auxquelles vous savez que je dois désirer de donner des preuves d'attachement. J'imagine que dans ces momens-ci la société est encore plus orageuse que lorsque je suis parti, et sans doute vous aurez votre part de la gêne qui doit en résulter; mais vous en serez dédommagé par le spectacle de l'élection et de ce qui s'ensuivra.

Je voudrais avoir le temps de féliciter madame la princesse M..... sur l'élégance de sa fête; j'y aurais dansé de bon cœur; je vous prie de l'en assurer en la remerciant de son souvenir. Au lieu de cela, je passe mes jours à faire des connaissances que je n'aurai pas le temps de cultiver, et à retourner dans ma tête les événemens passés, présens et futurs. Vienne est assurément une grande et magnifique ville, peuplée de femmes charmantes, et abondamment pourvue de spectacles et de promenades; mais je ne m'accoutume point encore à dîner à trois heures et à me coucher sans souper. On me dit qu'il n'y a point de société ici, et cela pourrait bien être ; je n'y ai encore vu que de grands repas et des assemblées fort tristes. Cependant je ne désespère pas encore de trouver dans deux cent mille ames, de quoi former une coterie agréable. M. de Luiten m'aidera dans ce projet, et nous transporterons l'image de Varsovie sur les bords du Danube.

J'ai fait, Monsieur, ce que je vous ai promis, et j'espère que tôt ou tard mon amitié vous sera utile, du moins vous pouvez être sûr que j'emploierai tous les soins dont je suis capable.

Adieu, Monsieur, je vous quitte pour me mettre au courant avec mes autres amis ; mais je doute fort qu'aucun d'eux ait ses trois pages, parce que je ne pourrai pas leur parler, comme à vous, de choses qui les intéressent ainsi que moi.

Je finis sans compliment, et vous prie d'en user de même avec votre ami,

HENNIN.

N° 3.

※

A MONSIEUR HENNIN.

Varsovie, le 28 juillet 1764.

Monsieur et ami,

J'ai reçu avec bien de la joie la nouvelle de votre arrivée à Cracovie; je suis persuadé que le reste de votre route aura été aussi heureux. Je m'attends au premier moment à en recevoir la nouvelle, avec le plan de vos arrangemens, de vos plaisirs et de votre nouvelle société. J'ai distribué vos complimens, qui ont été reçus à bras ouverts. On m'a chargé de mille amitiés pour vous; M. le grand maréchal, madame la princesse Sanguscko, la princesse M...., madame la chambellane de Lithuanie, et le reste, quoiqu'en grand nombre, ne vous est pas moins attaché.

Vous trouvez ma position agréable; elle le paraît de loin. Mais si vous saviez dans quel vide je nage; si vous saviez combien toutes ces danses et ces grands repas m'étourdissent sans m'amuser! J'attends avec empressement le temps de l'élection pour prendre mon parti. Je n'ai qu'à me louer de tout le monde, chaque jour est un jour de fête. Avant-hier je fus invité chez madame la grande chambellane, où toute la famille se trouva; M. le stolnik me dit plusieurs choses obligeantes. M. le palatin de Russie m'invita à dîner hier.

Votre amitié pour moi m'engage à vous faire part d'un projet sur lequel je vous demande vos conseils et vos bons offices. M. de La Roche me parle quelquefois de la Turquie comme du plus beau pays du monde, et m'a proposé de l'accompagner, après l'élection, à Constantinople. Je serais, dans le fond, très-porté à faire ce voyage qui ne me coûterait presque rien, à cause de l'occasion; mais il faut des secours pour y paraître un peu convenablement. Je renonçais donc à cette idée-là, lorsque M. de La Roche m'a fait sentir que, d'un voyage de simple curiosité, je pouvais faire un voyage de fortune. N'allez pas croire qu'il s'agisse de me faire Turc.

Il m'a donc dit qu'il avait vu en différentes occasions des ingénieurs envoyés par la cour de France pour lever des plans dans la Palestine, dans l'Égypte, et prendre des mémoires sur différens objets, tout cela du consentement et sous la protection de la Porte. Il m'a appris, de plus, que la partie septentrionale de la Turquie était fort peu et fort mal connue. Il a ajouté qu'il ne doutait pas que la cour ne fût charmée d'accepter mon projet, pourvu que quelques amis l'appuyassent. Je me suis rappelé vos idées, et trouvant de la conformité entre les vôtres et les miennes, de la facilité dans l'exécution, la compagnie d'un Français employé par la Porte, et qui habite depuis long-temps les provinces septentrionales de la Turquie, j'ai résolu de vous faire part de tout cela, afin que vous considériez le parti que j'en peux tirer pour le service de la cour, pour le vôtre et pour le mien.

Si vous jugez donc convenable que je profite de cette occasion, il n'y aurait pas de temps à perdre pour écrire à Versailles. Vous me feriez savoir le traitement que vous m'y auriez ménagé; vous m'enverriez les instructions nécessaires sur les objets de ce voyage, qui peuvent s'étendre à beaucoup de parties, et des lettres de recommandation pour l'ambassadeur de France à Constantinople.

Je n'ai rien de nouveau à vous marquer. Il y a près de huit jours que l'on sait que le prince Radjivil s'est retiré à Cotchim.

J'ai vu monseigneur l'évêque de Kiovie qui vous fait beaucoup de complimens, et m'a offert sa bibliothèque qui est fort nombreuse, mais mal disposée, à mon avis; la salle est trop petite, et la décoration gênante pour l'arrangement des livres.

Je suis prié au bal une partie de cette semaine. Quelque bruyans que soient mes plaisirs, soyez persuadé, Monsieur, que je trouve bien des momens pour penser à vous, et que je ne me fais pas de violence pour cela.

J'ai l'honneur d'être avec une sincère amitié,

Monsieur,

Votre, etc.

Le chevalier DE SAINT-PIERRE.

Le comte Nostis, envoyé de Saxe, est retourné à Dresde. Cet invalide que vous m'avez recommandé prie qu'on n'oublie pas de lui payer sa pension. Je lui ai donné deux florins.

N° 4.

✻

RÉPONSE DE M. HENNIN.

A Vienne, le mercredi 1er août 1764.

Nous sommes arrivés ici, Monsieur, vendredi au soir, après avoir essuyé quelques petits accidens, surtout à la voiture que j'ai achetée de M. Gardouin, où il a fallu remettre deux essieux et deux roues.

J'ai déjà fait mes visites, et me suis établi, jusqu'à nouvel ordre, dans une jolie maison en ville. Comme je retrouve ici plus de cent personnes que j'ai eu occasion de connaître dans mes courses, je crois que j'y passerai agréablement le temps de mon exil, joint à ce que ce pays-ci fournit beaucoup d'objets propres à satisfaire ma curiosité.

Nous n'entendons pas plus parler de la Pologne que si elle n'existait pas ; on nous dit pour nouvelles ce que nous savions avant notre départ.

J'ai trouvé ici quatre ingénieurs français que l'impératrice a demandés au roi pour fortifier les frontières de Bohême ; ils ne doivent rester que peu de temps. On a grand besoin ici de personnes instruites dans ce genre, puisque l'on veut bâtir des forteresses et former des camps retranchés, et je crois, Monsieur, que vous y seriez reçu à bras ouverts en vous faisant annoncer par M. le comte de Mercy. Voyez à vous décider sur le plus ou le moins de probabilité qu'il y a pour vous de réussir où vous êtes, et choisissez. Je vous dirai de plus qu'il ne vous serait pas difficile d'être ici sur un ton tout différent de celui des autres officiers ; mais, encore une fois, comme je n'ai pas voulu vous conseiller de rester en Pologne, je n'oserais non plus vous engager positivement à venir ici : on ne saurait être, selon moi, trop circonspect quand il s'agit de démarches qui peuvent décider du sort d'un homme tel que vous.

On vous aura sans doute beaucoup questionné, Monsieur, sur mon départ, sur les apparences du retour, etc.; et vous aurez répondu comme moi: que tout dépend des événemens; puissent-ils être favorables à la Pologne!

J'ai fait usage de votre relation.

Je vous prie, Monsieur, de présenter mes respects à madame la princesse Sanguscko et aux princesses ses filles, à madame la palatine de Volhynie, etc.; témoignez à toutes ces personnes, et aux autres qui vous paraîtront avoir conservé quelque souvenir de moi, le désir que j'ai de les rejoindre tôt ou tard; enfin faites ma cour de votre mieux, et soyez assuré de n'être jamais démenti.

J'ai l'honneur d'être avec le plus inviolable attachement,

Monsieur,

Votre très-humble et très-obéissant serviteur,

HENNIN.

Je joins ici une lettre pour madame la princesse M... et une pour M. Jakubouzki, que je vous prie, Monsieur, de vouloir bien leur faire remettre.

N° 5.

A MONSIEUR HENNIN.

A Varsovie, ce 8 août 1764.

Monsieur et ami,

Je n'ai point encore reçu de vos nouvelles depuis votre arrivée à Vienne; peut-être en recevrai-je aujourd'hui. Mais, afin d'être tranquille à l'avenir sur la régularité des postes, je numéroterai toutes mes lettres; je vous prie d'en faire de même.

Nous sommes accablés de fêtes. On a donné hier une superbe illumination, un grand concert, un repas somptueux, un bal fort brillant chez la princesse maréchale, pour la fête de la princesse M... J'ai été à la campagne il y a quelques jours, dans une maison qui appartient à un ami du grand général. Je voudrais vous écrire bien des choses, mais je suis accablé d'occupations, et je n'ai pas un moment à perdre. Je suis mêlé dans une tragédie dont la catastrophe sera terrible, puisqu'il en doit coûter la vie à une très-aimable fille dont l'amour a fait tout le crime. Mais après tout j'aime mieux qu'elle périsse que ma maîtresse; ce sentiment-là est très-naturel.

Ce serait une histoire fort longue à vous raconter; mais comme elle est imprimée, Racine pourra satisfaire votre curiosité.

Il faut que je sorte pour aller essayer un habit à la grecque. Je n'ai pas huit jours pour apprendre mon rôle; et je fais celui d'Achille. Tout cela me tracasse et m'occupe plus qu'une affaire sérieuse, car il y a six demoiselles bien comptées qui souvent parlent toutes à la fois. Il faut pourtant les écouter toutes, et leur répondre à toutes. Je ne sais qui s'est avisé de proposer un pareil divertissement, et encore moins pourquoi on m'a choisi; mais, quelque chose que j'aie dit, je n'ai pu m'en défendre.

La princesse Cunégonde joue le rôle d'Iphigénie, la fille de la palatine de Volhynie celui de Clytemnestre, etc. Je vous enverrai un autre jour la liste de tout le reste.

Si M. le comte de Mercy est arrivé à Vienne, je vous prie de l'assurer de mon respect. Mes complimens à M. et madame Girault.

Excusez ma précipitation; à ma place vous eussiez moins écrit et cela eût été mieux; c'est un avantage qui ne vous fait pas moins d'honneur qu'à moi, celui de dire simplement que je suis avec une sincère amitié,

Monsieur et ami,

Votre, etc.

Le chevalier DE SAINT-PIERRE.

Ma lettre n'était pas fermée lorsque j'ai reçu la vôtre du 1er août. Il paraît que vous n'avez pas reçu encore mes deux lettres. Vous augmentez mon incertitude par la nouvelle de ces ingénieurs mandés par la cour de Vienne. On ne me demande point, et aucune cour ne m'envoie. Si l'on me donne de l'emploi, en aurai-je agréablement? qu'y a-t-il de plus léger qu'une recommandation? d'ailleurs les choses offertes perdent de leur prix lorsqu'on n'en a pas un besoin indispensable. J'ai des espérances ici ; mais elles dépendent des événemens. Que décider ! je crois que je dois attendre l'élection ; vous pouvez, en attendant, me ménager la protection des personnes qui peuvent m'être utiles ; m'instruire du traitement qu'on a fait à mes compatriotes, quels sont leurs grades, etc. Je suis bréveté capitaine au service de Russie ; quel est le sort que je peux me promettre ? d'ailleurs je ne vends point chat en poche. Lorsqu'on m'aura examiné, comme je le désire, je demande à être chargé personnellement du soin de former et d'exécuter tel projet dont la cour voudra me charger, ne fût-ce qu'une redoute ; car il me serait très-dur et, pour dire vrai, impossible d'exécuter les idées d'autrui, parce que j'aurais toujours sur mon honneur d'avoir prêté mon service à l'exécution de quelque brillante sottise, et il y a au moins un contre un à parier que cela arriverait. Je vous dis tout cela, Monsieur, sur l'expérience que j'ai pu acquérir, par l'envie que j'ai de me faire un peu de réputation, et parce qu'il est probable que, n'ayant que vingt-sept ans, n'étant que capitaine, et aucune cour ne m'ayant envoyé, je me trouverai subordonné aussi tristement qu'il est possible de l'être.

J'attends des nouvelles de France, et j'espère que vous ne me laisserez pas long-temps sans m'en envoyer. Quoi qu'il en soit, immédiatement après l'élection je prendrai mon parti. Je me recommande à votre amitié qui me sera toujours extrêmement chère. Faites ressouvenir M. le comte de Mercy de ses bontés pour moi, et de l'espérance que j'ai d'en recevoir de nouvelles preuves.

N° 6.

A MONSIEUR HENNIN.

Varsovie, ce 20 août 1764.

Nous avons joué, mardi dernier, la tragédie d'*Iphigénie;* les acteurs étaient :

AGAMEMNON.	M. Pirrhis.
ACHILLE.	Moi-même.
IPHIGÉNIE.	La princesse Cunégonde.
CLYTEMNESTRE.	La fille de la palatine de Volhynie.
ÉRIPHYLE.	Mademoiselle Alonois la cadette.
ARCAS.	Le prince Sanguscko.
ULYSSE.	M. Pelonte Past.

Eurybate.   M. Driarbesky.
Doris.   La nièce de la palatine de
                 Volhynie.

L'assemblée était des plus brillantes; il y avait le stolnik, la princesse palatine, les frères du stolnik et leurs belles épouses, monseigneur le nonce, le prince chancelier, la grande chambellane, etc., etc.

On a été si content du succès, que tout le monde demande une seconde représentation, et M. le primat doit s'y trouver ; c'est mercredi prochain.

Je suis charmé que vous approuviez les raisons qui m'obligent à ne vous mander aucune nouvelle ; cependant il en court ici une qui est si publique et si étrange que je ne résiste point à l'envie de vous la faire savoir. On dit que le prince Radjivil a fait pendre le général Trechaski, après l'avoir tenu aux fers pendant six semaines. Il lui reprochait, dit-on, de l'avoir engagé à attaquer les Russes à Slonym, et de s'être caché ensuite pendant le combat. Les personnes qui connaissent M. de Trechaski disent qu'il est trop brave pour avoir fait une pareille lâcheté; cependant ces mêmes personnes étaient persuadées qu'il était arrêté pour des raisons qu'on ignorait. Hier le hasard veut que je rencontre un officier français qui sert dans l'armée russe, et qui était à l'affaire de Slonym; cet officier m'a confirmé ce bruit étrange.

Si vous vous mêlez, Monsieur, d'observations physiques, je vous apprendrai que nous avons eu, la nuit du 12 au 13, un orage épouvantable; il y a eu plusieurs personnes tuées de la foudre, entre autres un religieux de la mission que j'ai vu. On a fait l'ouverture de son corps vingt-quatre heures après, et, ce qui est très-extraordinaire, on n'a trouvé aucune blessure extérieure ou intérieure; son sang avait conservé sa fluidité.

Vos lettres sont arrivées à temps; on commençait à murmurer de votre indifférence, et j'étais bientôt épuisé de raisons et d'excuses. Tout le monde pense souvent à vous, et vous devez être persuadé que j'en parle avec plaisir à tout le monde.

Je suis fâché d'apprendre la vie sérieuse que vous menez; cependant je ne vous plains pas tant, puisque vous trouverez dans vos connaissances et dans vos goûts des plaisirs plus solides que les fêtes bruyantes où je me trouve, et qui m'étourdissent plus qu'elles ne m'amusent.

Si rien ne me retient ici, je partirai dans le commencement du mois de septembre pour vous aller joindre à Vienne, car je m'ennuie de tant d'oisiveté, dont le moindre mal est de m'accoutumer à une vie molle.

J'ai été hier à la campagne, à Villanof; je n'ai trouvé à mon goût que le parc, où il y a de grands arbres respectables, et un canal d'une tranquillité et d'une majesté qui n'est point fardée. Le château, où il se trouve quelques bonnes choses, est d'une architecture trop tourmentée; les appartemens sont surchargés d'ornemens de mauvais goût; enfin j'ai reconnu là encore le goût saxon, quoique ancien, et qui s'éloignait alors, comme aujourd'hui, de la simplicité et de la commodité, sans quoi il n'y a ni beauté ni élégance.

Vous vous faites, Monsieur, sur le voyage dont je vous ai parlé, un scrupule dont je ne comprends pas bien le motif. Le refus d'un conseil est pour moi un désaveu. Apparemment vous prévoyez pour moi quelque occasion plus prochaine et plus sûre de faire fortune. Je compte beaucoup sur votre amitié, et je présume que cette amitié ne pourrait pas m'être utile dans une pareille entreprise. Je me conformerai donc à vos intentions, et je m'éclairerai de votre expérience, sans que vous ayez à craindre que je vous rende responsable du succès quel qu'il soit.

Il arrive ici un grand nombre de gentilshommes; les rues sont pleines de voitures et de chevaux; les jours diminuent insensiblement, la mauvaise saison s'approche, tout cela devient très-embarrassant pour moi qui marche à pied, et qui ne suis point logé dans une auberge.

Ainsi tout doit me déterminer à partir, si je ne suis retenu ici par des raisons de fortune. Cela sera décidé dans trois semaines.

N° 7.

❋

RÉPONSE DE MONSIEUR HENNIN.

Vienne, le 1er septembre 1764.

Vous faites bien de vous amuser, tandis que tout le monde croit que vous vous battez. Je regrette fort cette belle tragédie ; elle m'aurait plu sûrement davantage que celles que je vois estropier ici. Faites, je vous prie, mes complimens sur le succès à toute la troupe.

J'ai pris un jardin où je vais, avec M. le baron de Suiten, me retirer un peu du brouhaha de la ville. Il tient à une maison très-grande et très-propre; nous y rassemblerons nos amis, et nous y vivrons autrement qu'on ne fait ici.

Rien de plus sage que ce que vous vous proposez de faire. Si rien ne se décide, quittez la Pologne et venez à Vienne.

J'en étais ici lorsque M. le marquis de Conflans est arrivé d'Italie pour aller voir l'élection de Pologne. Je ne lui ai pas laissé ignorer l'embarras où il pourrait se trouver. Il est recommandé à M. le baron de Riaucour; mais comme il ne se soucierait pas de loger dans l'appartement de M. le marquis de Paulmy sans avoir son aveu, je lui ai offert ma maison de la rue Saint-Jean, qui peut-être n'est pas louée, et tous les meubles qui me restent, c'est-à-dire quelques tapisseries et des lits. Voyez, je vous prie, Monsieur, avec M. Quiou, ce qu'il y aura à faire à cet égard, et disposez le tout pour le mieux. M. le marquis de Conflans est conduit en Pologne par la curiosité; il a pour principal objet de s'y amuser; vous pouvez lui en indiquer les moyens.

Adieu, Monsieur. Vous voyez que je vous écris à la hâte, mais je ne sais comment, sans avoir rien à faire, je trouve les journées trop courtes.

Je plains le sort des créanciers du général Trechaski si ce que vous me mandez est vrai; mais comme il y a plus de deux mois qu'on a publié cette histoire, je la crois fausse. Vous me ferez cependant plaisir, Monsieur, de l'approfondir.

N° 8.

※

A MONSIEUR HENNIN.

A Varsovie, le 5 septembre 1764.

Il m'est arrivé un malheur auquel je suis fort sensible. Je faisais, depuis votre départ, un journal de tout ce que je voyais d'intéressant : arts, morale, géographie, affaires du temps, il y avait un peu de tout; j'ai perdu, étant à cheval, ce malheureux papier que j'écrivais avec toute la liberté du cabinet, et toute la censure d'un homme qui écrit pour son instruction. Voilà bien de la peine perdue.

On compte que ce sera le 11 que l'élection se fera. Monseigneur le nonce harangua avant-hier les palatinats. Hier monseigneur de Kierscling eut son tour; aujourd'hui monseigneur l'ambassadeur de Prusse. La diète est fort tranquille.

J'ai vu au château les cinq couronnes qui doivent servir le jour du couronnement. Il y en a trois qui ont des fleurs de lis; je n'en ai pu savoir la raison. Une est celle d'Othon; la seconde, de Louis de Hongrie; la troisième est pour la reine. Elles sont toutes d'une grande antiquité; on a mis dans les *pacta conventa* que la reine ne pourrait être Polonaise.

Je n'en sais pas davantage, car il m'est impossible de suivre le fil des nouvelles, dont la plupart se débitent en polonais.

Je compte, Monsieur, ne vous écrire qu'une seule fois d'ici à mon départ, qui sera prochain; ainsi je vous prie de m'instruire, par votre prochaine lettre, des derniers arrangemens qui regardent vos effets. Je sens que je dois me déterminer avant la mauvaise saison qui commence à se faire sentir. Les services que j'espère de votre amitié soutiennent mes espérances à Vienne, et j'aurais souhaité les mériter ici, à votre retour pour lequel il paraît qu'il n'y a rien de décidé.

N° 9.

REPONSE DE MONSIEUR HENNIN.

A Vienne, le 15 septembre 1764.

COMMENT avez-vous pu perdre votre journal et ne pas le retrouver? Je sens par moi-même combien cet accident doit vous avoir été sensible.

Comme vous me paraissez résolu à quitter la Pologne, je ne vous en dirai pas davantage. M. le comte de Mercy, qui est ici, sera sans doute à portée de réaliser ce qu'il vous a fait espérer.

Je vous prie, Monsieur, de témoigner à M. le marquis de Conflans tout l'empressement possible à lui être utile; je n'imagine pas cependant que son arrivée en Pologne dérange rien dans vos projets, et je crois que vous ferez bien, si vous n'envisagez rien de certain en Pologne, d'en partir sur-le-champ pour chercher à vous fixer ailleurs.

Adieu, Monsieur, j'attends la lettre que vous m'avez annoncée pour cesser de vous écrire. Je vous prie de ne pas oublier de m'apporter l'état de mes effets; et, si vous restez, de me l'envoyer.

Vous ne devez pas douter du plaisir que j'aurai de vous revoir, et de contribuer autant qu'il sera en moi à votre satisfaction.

N° 10.

A MONSIEUR HENNIN.

Varsovie, le 24 septembre 1764.

J'AI été chez M. le marquis de Conflans le lendemain de son arrivée; il m'a remis deux paquets de votre part, avec deux lettres pour moi; tout a été remis à son adresse. Il paraît que M. de Conflans passera quelque temps ici : c'est l'homme du jour.

J'ai été présenté au roi, il y a trois jours, par le grand chambellan, son frère. Le roi me fit l'honneur de me dire : J'espère, Monsieur, que vous serez content d'être venu ici, et que je le serai de ce que vous y êtes venu. Je pensai trouver dans ces paroles quelque sens favorable, et j'ai prié M. le grand chambellan d'en demander à Sa Majesté l'explication; mais j'ai vu que ce n'était qu'un compliment; on me flatte d'espérances, mais mon terme est rempli, et je partirai dès que les pluies commenceront à s'apaiser.

J'ai eu l'honneur de souper, il y a deux jours, chez madame la grande chambellane, avec Sa Majesté. Le roi s'est arrangé pour souper alternativement dans la famille, chez la princesse maréchale, etc. Il y a cour deux fois la semaine.

Quoique je ne sache pas précisément le jour de mon départ, qui n'est suspendu que par le mauvais temps, je prévois cependant que je pourrai recevoir encore une fois de vos nouvelles; mais sûrement vous en recevrez encore une fois des miennes.

Nous verrons si je serai plus heureux à Vienne.

L'élection s'est passée ici avec toute la tranquillité possible.

Mes complimens, s'il vous plaît, à M.... et à monsieur et madame Girault.

N° 11.

✳

A MONSIEUR HENNIN.

« SEIGNEUR, je jetterai le filet sur votre pa-
» role, encore que je n'aie rien pris de toute
» la nuit. »

Je pars, Monsieur, pour aller vous joindre à Vienne. Je profite de l'occasion du comte d'Ougin, qui va à Cracovie. Nous irons à petites journées, ce qui donnera le temps à ma lettre de vous parvenir bien avant moi. On m'a ici donné des espérances tant que j'en ai voulu, mais j'ai pris mon parti.

Tous vos amis, c'est-à-dire toute la maison du grand maréchal, de la princesse Sanguscko, de la princesse M...., de la chambellane, m'ont chargé de complimens.

Depuis deux mois il fait des pluies continuelles; il a donc fallu se séquestrer au logis, et se borner à peu de monde.

Je pense, suivant toutes les apparences, être à Vienne dans quinze jours; nous parlerons alors tout à notre aise. Je vous prie de m'excuser, je suis très-pressé : je pars dans une heure, et mes malles ne sont pas faites; je vous écrirai plus au long de Cracovie.

Du 26 septembre 1764.

N° 12.

A MONSIEUR HENNIN.

Varsovie, 14 novembre 1764.

Monsieur et cher ami,

A peine vous aviez quitté Vienne que le chagrin s'est emparé de moi. Je fus voir le lendemain M. G...., qui me déplut fort en prenant plaisir, comme il me semblait, à me désespérer. Je lui dis que j'étais résolu à retourner à Varsovie, où j'avais quelques amis, et des espérances fondées sur les établissemens nouveaux qu'on se proposait de faire en Pologne; que si je ne réussissais pas, je comptais encore sur votre amitié dans les bureaux de

Versailles; que j'avais quelques vues sur nos colonies. Là-dessus mon homme me coupe la parole, et me dit : On a envoyé aux colonies tous les officiers de génie qui y étaient nécessaires, on n'y a plus besoin de personne. Je lui réponds que mon projet était étranger à ce qu'il appelait le génie; là-dessus il repartit : Quel est-il donc, Monsieur, ce projet?... C'est mon secret, Monsieur; et là-dessus je le quitte et n'y ai point retourné.

J'avais vu chez lui le lieutenant-colonel des ingénieurs français, qui m'a paru un galant homme. Je fus voir le comte de M...., qui m'avait demandé, la veille, au spectacle, quel était le projet qui m'amenait à Vienne, et si j'y avais des connaissances. J'arrive chez lui, et je lui annonce que je vais retourner à Varsovie. Il me parut fort étonné d'une résolution si prompte. Mais, le matin même, j'avais tout préparé pour mon départ, persuadé que je n'aurais jamais assez de crédit pour obtenir une commission particulière, et ne voulant pas être subordonné tristement. J'étais allé trouver S. E. Mgr. le général Pogniatoski, pour lui demander ses ordres pour Varsovie; il eut la bonté de m'offrir lui-même une occasion : c'étaient des carrosses de la cour qu'il envoyait en poste; j'en ai profité, et suis arrivé ici le 11 de ce mois, n'ayant resté que dix jours à Vienne.

J'ai été reçu à Varsovie beaucoup mieux que je ne m'y attendais. L'accueil que m'a fait le prince palatin et sa famille me donne lieu d'espérer de l'emploi dans les établissemens nouveaux. Je compte m'occuper une partie de cet hiver à un Mémoire sur quelques objets utiles à ce pays, afin que mon zèle puisse déterminer plus promptement et plus fortement les bontés du roi.

Tout est tranquille ici. La princesse M.... est allée joindre le grand général à Bialistock; mais l'épouse de ce seigneur est arrivée ici pour achever, selon toute apparence, la réconciliation.

J'ai descendu chez M. de La Roche, chez lequel je resterai jusqu'à ce que j'aie trouvé un logement convenable. Les fêtes se succèdent ici tous les jours, et on est fort éloigné de la triste gravité des Autrichiens. Le bruit courait à Vienne, avant mon départ, que vous étiez nommé premier commis des affaires étrangères; si cela est, je vous en fais mon compliment de très-bon cœur; si cela n'est pas, recevez-le d'avance, car vous le deviendrez bientôt.

Je suis pénétré de reconnaissance pour le service que vous m'avez rendu; la manière dont vous m'avez obligé ajoute beaucoup à l'importance du service; vous devez être persuadé de mon empressement à m'acquitter, et du plaisir que j'aurai toujours à m'en ressouvenir.

Je suis tombé malade à Vienne, et j'ai resté couché les quatre derniers jours; personne ne s'occupait de moi dans ce pays-là pour lequel je conserverai long-temps de l'antipathie.

Je vous prie de me donner de vos nouvelles, non comme à un Français que vous avez obligé, mais comme à un ami qui vous eût aimé sans intérêt. Vous savez que je ne vous ai point demandé le service que vous m'avez rendu, et cette délicatesse de votre part ajoute beaucoup à ma reconnaissance.

J'ai eu avec le grand palatin une conversation où il a paru fort content de vous. Il m'a dit qu'il souhaitait que vous retournassiez en Pologne; je le souhaite bien sincèrement. Dans la résolution que j'ai prise de me fixer ici, je n'aurais rien à désirer si j'avais un ami comme vous. Je félicite monsieur et madame Girault de leur séjour à Versailles, et je les prie de me rappeler quelquefois à leur souvenir.

Si je peux vous être utile dans ce pays, employez-moi. A mon arrivée ici je me suis trouvé sans lit; j'ai pris la liberté d'emprunter trois de vos matelas que je ferai remettre dès que je serai dans mes meubles. Je me plais beaucoup dans ce pays, et je ne désire rien tant que d'y trouver un état convenable, et d'être utile à une nation qui a toutes les qualités du cœur. Enfin, de quelque manière que la fortune dispose de moi, j'ai un cœur sur lequel les événemens ne peuvent rien; et si mon amitié n'est ni utile ni amusante, elle a du moins le mérite d'être rare, et de n'avoir été donnée jusqu'ici qu'à très-peu de personnes. Je vous fais faire cette observation qui peut la rendre recommandable, surtout dans le pays où vous vous trouvez, où les amis ne sont pas communs.

N° 13.

✻

RÉPONSE DE MONSIEUR HENNIN.

A Paris, le 26 décembre 1764.

Vous ne pouviez me faire un plus grand plaisir, Monsieur et cher ami, que de m'apprendre votre retour à Varsovie. Quoique je n'aie pas les mêmes sujets que vous de trouver Vienne un séjour désagréable, qu'au contraire je me sois fort bien trouvé du temps que j'y ai passé, je me persuade que vous serez mieux à tous égards en Pologne. L'accueil qu'on vous y a fait à votre retour, votre conduite et vos talens, tout m'annonce que c'est là que le sort a fixé votre destinée, et qu'elle sera heureuse.

Vous avez un juste sujet de vous plaindre de M. le comte de M.... Je crois cependant que son intention était de vous obliger, mais il a craint que son crédit ne fût pas assez grand pour vous placer promptement. Quant à M. G., je suis fâché de ce que vous m'en dites. Il ne sait pas apparemment combien il y a de plaisir à obliger un galant homme.

Faites, je vous prie, mille complimens de ma part à votre hôte, et dites-lui que, quoiqu'il ne m'ait pas donné signe de vie, j'espère être informé du parti qu'il prendra à la fin de sa mission; s'il se détermine à retourner au Levant, je me propose bien de profiter des offres qu'il m'a faites pour l'augmentation de mon cabinet, que je trouve plus considérable qu'il ne me paraissait devoir être.

Je ne vous dirai rien de mes affaires qui prennent une bonne tournure; on m'a bien accueilli, on me paie, on me fait envisager une belle place; je ne veux rien précipiter, j'arrange mon cabinet et je vis avec mes amis.

Mon temps est partagé entre Versailles et Paris; j'ai même meublé ici un appartement, car vous savez que les tapissiers me sont nécessaires; mais j'ai beau faire, ce ne sont encore que des tentes que je dresse à la hâte. Peut-être un jour me sera-t-il permis de choisir un domicile stable.

Il a été un temps où je désirais retourner en Pologne, mais depuis que j'ai découvert que ceux qui y dominent avaient prêté l'oreille à un homme, qui heureusement n'a trouvé croyance qu'auprès d'eux, j'ai fait réflexion qu'avec tous les soins possibles il n'y avait pas moyen d'habiter une république sans avoir des ennemis. Or, quoique je ne me soucie nullement d'être ami de tout le monde, les inimitiés m'importunent; j'aime à pouvoir être ce que je suis, à être cru quand je dis vrai; enfin, je me suis figuré que je serais beaucoup moins bien en Pologne que je n'y ai été; je l'ai fait entendre avec ménagement, on m'a compris. Je ne reverrai plus Varsovie.

J'y regrette sincèrement beaucoup de personnes, qu'il est inutile de vous nommer, et je les porterai dans mon cœur tant que j'existerai; mais *il s'agit d'être heureux.*

J'espère, Monsieur, que puisque vous voilà fixé en Pologne, vous voudrez bien suivre, quand l'occasion s'en présentera, le projet que j'avais formé de rassembler, autant qu'il serait possible, des cartes, plans, vues, dessins, etc., relatifs à ce pays; vous pourriez me les envoyer quand vous en auriez un certain nombre, je les joindrais aux autres, et peut-être, avec le temps, en résulterait-il un ouvrage curieux.

Madame la princesse Stramik m'avait promis les plans de Pulow, etc. Je ne suis plus à portée de l'en faire souvenir, et puis..., et puis.... Vous voyez, Monsieur, que c'est à vous qu'il faut que j'aie recours pour cet objet. J'y joindrai, dès que je serai fixé, quelques livres dont je vous prierai de me faire l'emplette, et en général tout ce que vous pourrez rassembler en polonais ou qui ait trait à la Pologne, sans offenser votre bourse; mettez-le à part, et nous en ferons quelque jour une note qui réduira à zéro ce que vous savez.

Je voudrais bien avoir une médaille du couronnement; ne pourriez-vous pas trouver quelque occasion de me l'envoyer?

Quelque longue que soit cette lettre, je suis fâché de vous quitter; j'aurais, ce me semble, beaucoup d'autres choses à vous dire, mais j'attendrai que je sache ce qui aura été fait pour vous, et je vous prie de m'en instruire le plus tôt qu'il sera possible.

Vous connaissez, Monsieur, les sentimens qui m'attachent à vous; la place me manque pour vous les exprimer.

HENNIN.

N° 14.

A MONSIEUR HENNIN.

Varsovie, le 2 janvier 1765.

MONSIEUR ET CHER AMI,

J'ai appris avec la joie la plus vive que la cour vous avait chargé d'un emploi important, et quoique j'en ignore la nature, je vous assure du fond de mon cœur que je partage le plaisir que cela doit vous faire. Recevez, avec ma félicitation, des complimens de bonne année, une bonne santé, des amis, une fortune honorable et la considération publique; si je connaissais quelqu'autre bien, je vous le souhaiterais encore; mais je n'ai bu depuis long-temps dans la coupe du bonheur, et à l'heure où je vous écris, je me trouve dans la plus cruelle situation où je me sois vu.

Il y a deux mois que je suis de retour ici. Je m'étais formé les plus belles espérances en Pologne ; j'ai quitté Vienne, comme je vous l'ai marqué, huit jours après votre départ.

Mes effets sont restés à Vienne, et je n'en entends plus parler. Premier malheur.

Toutes les personnes de ma connaissance partent d'ici, madame la princesse maréchale, madame la princesse M...., etc.

J'ai présenté un Mémoire à S. M. pour obtenir de l'emploi. On vient de m'offrir dans l'artillerie une place de quarante ducats par an; cette offre m'humilie et me désespère à un point que je ne puis dire. J'ai pris mon parti, et je veux m'en retourner.

- Je manque de secours, et je ne suis pas capable d'en mendier. Si j'avais ici mes effets de Vienne, je les vendrais. La seconde difficulté vient du parti que je dois prendre. Je désire ardemment de retourner dans ma patrie ; mais qui me servira? qui m'y fera avoir du service? En vérité, on s'est cassé la tête pour de moindres sujets.

Je vous le dis sincèrement; vous m'avez donné les plus fortes preuves de votre amitié, mais jamais vous ne m'aurez rendu service dans une circonstance plus embarrassante. Employez-vous pour moi dans les bureaux où vous avez tant de crédit, et que je vous doive mon retour dans ma patrie et mon état. En fait des établissemens dans nos colonies, pourquoi n'y trouverais-je pas du service, si vous en demandez pour moi. En verité, je suis accablé, et je n'envisage l'avenir qu'avec douleur.

Tout me confond, j'ai été la dupe de ma prudence et de mes spéculations. Servez-moi de vos conseils, comme Français qui n'a jamais démérité dans sa patrie, et plus encore comme un homme que vous avez traité comme votre ami.

S'il y avait guerre quelque part, j'y chercherais une fin honorable; mais traîner ainsi ma vie, seul, sans amis, sans secours, et avec trop d'honneur pour en chercher d'une manière honteuse; c'est le comble de l'infortune, et c'est mourir tous les jours.

J'attends votre réponse avec la plus vive impatience; je vous prie de ne la point différer.

Vos amis se plaignent ici de ne pas recevoir de vos nouvelles depuis votre départ de Vienne. Je me joins à eux et je vous prie instamment de m'instruire de ce qui vous regarde. Quand vous ne réussiriez pas pour moi, je me consolerais par vos succès personnels, et je regarderais comme autant de services les démarches que vous auriez faites.

Je suis dans un abattement que je ne saurais vous peindre, cependant je le cache à tout le monde; je n'ose confier mes peines à personne; je vis seul dans une petite chambre que j'ai occupée autrefois près de la porte de Cracovie. M. de La Roche, qui m'a fait l'amitié de me prêter une partie de sa chambre pendant le couronnement, part dans huit jours pour Jassy.

Vous êtes mieux instruit des affaires de ce pays que moi-même; mais je vous ferai part de l'entretien que j'ai eu l'honneur d'avoir avec Sa Majesté, et qui a décidé l'offre des quarante ducats.

J'avais présenté au roi un petit Mémoire d'une page, où je demandais la commission d'être envoyé sur la frontière pour y travailler à un projet de défense; le roi parut fort satisfait de la manière dont il était conçu.

Il me fit l'honneur, pendant près d'un quart-d'heure, de me questionner sur différens sujets.

Il me demanda si je savais les langues, à quoi je répondis que non; ce que j'avais vu à Malte, en Russie, etc.; pourquoi j'avais quitté la France, et Vienne en dernier lieu; si je ne m'étais pas chargé de correspondre au dehors pendant les troubles des diètes, etc.

Il me fit l'honneur de me dire qu'il serait charmé de s'attacher un homme de mon mérite et de mon caractère (ce sont ses termes); mais qu'en attendant mieux, il m'avait trouvé une place dans l'artillerie, et que le comte de Baülh m'instruirait de quoi il était question.

M. le comte de Baülh me dit : Monsieur, il vaque depuis cinq semaines une place de lieutenant qui rapporte quarante ducats par an; si elle vous convient, on y joindra un grade supérieur. Je lui répondis que j'étais surpris d'une pareille proposition; que si on m'eût offert trois ou quatre cents ducats, en attendant mieux, j'aurais vu ce que j'avais à faire; mais qu'il était évident qu'on ne voulait point de mon service; que d'ailleurs je n'avais rien fait contre la cour pour qu'on cherchât à m'humilier; que j'avais l'honneur d'être capitaine au service de l'impératrice, et qu'il savait ainsi que moi que les bas officiers de ce pays étaient faits capitaines en Pologne. Enfin cette affaire est finie, je vais rester jusqu'à votre réponse dans l'incertitude du parti que je dois prendre. Je vous prie de faire à M. et madame Girault mes complimens de nouvelle année.

J'ai quitté Vienne, où j'aurais pu trouver du service, mais dont tout le monde m'a dégoûté; je suis retourné en Pologne où je n'ai trouvé que des complimens et point d'état. Si je trouve du service dans ma patrie, j'ai assez d'expérience pour préférer les peines que j'y pourrais rencontrer à tous les mécontentemens qu'on éprouve dans tous les pays étrangers.

Je vous prie de m'adresser vos lettres poste restante, à Varsovie.

N° 15.

A MONSIEUR HENNIN.

A Dresde, ce 19 avril 1765.

Je ne sais à quoi attribuer votre silence; m'avez-vous donc oublié tout-à-fait? ne songez-vous pas que votre propre intérêt vous doit intéresser à ma bonne ou à ma mauvaise fortune? avez-vous pensé qu'un service rendu ne liât que le débiteur, et qu'il vous fût permis, après m'avoir montré tant d'intérêt, de vous refroidir tout-à-coup. S'il a été un temps où vous m'avez jugé propre à être votre ami, vous ne pouvez, sans me faire tort, avoir changé de sentimens; et si ce changement est fondé sur quelque raison, vous devez m'en instruire, et me donner en cela une dernière preuve de votre amitié.

Je ne peux pas douter que vous n'ayez reçu ma lettre; je vous faisais part de la situation de mes affaires; je vous demandais des nouvelles des vôtres, et je les croyais assez heureuses pour tempérer le chagrin que me donnaient les miennes.

Quoi qu'il en soit, je vous ferai part constamment de ce qui me regarde, et je ne vous demande, pour reconnaître cette confiance, que des preuves de votre franchise. Vous aurez sans doute hasardé quelque démarche pour moi dans les bureaux; si elles n'ont pas réussi, je n'en suis pas moins redevable à votre amitié; mais, comme on donne souvent des prétextes aux refus, et qu'il est plus facile et plus commode de donner aux absens des imputations odieuses que de bons emplois, je vous demande, comme un nouveau service, de m'instruire pleinement de la réponse qu'on vous aura faite.

J'ai quitté la Pologne, après avoir refusé plusieurs de ces places qu'on trouve partout, et qui ne donnent ni fortune ni considération.

Mon voyage a été assez heureux; j'étais seul avec un domestique que j'avais pris à Varsovie, et qui ne savait point le français; à mon arrivée à Dresde, il m'a quitté après m'avoir volé quelques bagatelles et sa livrée qui était toute neuve ; mais ce ne sont pas là des malheurs.

Il m'est arrivé sur la route un événement qui vous prouverait une Providence, si vous étiez de ceux qui en doutent.

En descendant à l'auberge à Breslau, brisé, mouillé, crotté comme un homme qui a couru la poste trois jours et trois nuits, n'espérant rien de l'avenir, ni de vingt lettres de recommandation que j'avais dans mon portefeuille, un cavalier, décoré de la croix de Saint-Jean, m'aborde, et me voyant embarrassé à m'exprimer en allemand, il s'offre honnêtement à me servir d'interprète; je crus, et je l'avoue sincèrement, que c'était quelqu'un de ces aventuriers qui attendent les voyageurs au passage pour les duper au jeu. Je réponds donc assez froidement à ses avances ; cependant, comme il était dans la maison le seul étranger qui parlât français, je liai conversation sur différens sujets. Cet étranger parlait de tout savamment et modestement, et de la guerre surtout en officier expérimenté ; enfin nous soupons ensemble, et notre liaison s'accroît si rapidement au bout de quelques heures, qu'il me propose de différer mon départ, afin qu'après avoir fini ses affaires, il puisse, dit-il, me mener à une de ses terres, et me présenter à sa femme.

J'accepte, et dans les intervalles que laissaient à mon nouvel ami ses procédures, nous voyions ce que Breslau a de plus intéressant : l'intérieur des appartemens du roi, sa bibliothèque où sont beaucoup d'ouvrages de sa façon, et entre autres toute l'histoire de cette guerre. Partout où nous allions on témoignait beaucoup de respect et de considération à mon camarade. Enfin nous quittons Breslau, et nous allons à Grossendorf : c'est une des terres de ce gentilhomme ; peignez-vous une situation de roman, un château bâti et meublé par un ministre d'État et le favori d'un grand roi, vous aurez l'idée de Grossendorf. C'était la maison de plaisance du comte de Maintchiau, son frère, qui a dirigé la Silésie.

La maîtresse de la maison était digne de l'occuper. Une jeune femme pleine de grâces et d'esprit, ayant la naïveté d'une Allemande et l'enjouement d'une Française ; enfin j'ai passé trois jours comblé d'attention, de témoignages d'amitié et d'intérêt. Mes hôtes voulaient absolument que j'allasse chercher du service à Berlin où ils me promettaient la fortune.

Ils souhaitaient avoir une fille pour me la donner en mariage; enfin ils m'ont reconduit jusqu'à quatre milles de-là, en faisant mille vœux pour ma prospérité, m'ont fait promettre de leur écrire fréquemment, et m'ont laissé dans une surprise dont je ne suis pas encore revenu.

Voilà à la lettre ce qui m'est arrivé ; voilà des amis que le ciel me prépare sans que je me donne aucun soin.

Depuis que je suis arrivé à Dresde, j'ai eu l'honneur d'être présenté à toute la famille royale; j'ai remis au prince administrateur, à madame l'électrice, des lettres du grand général, de la palatine de Lublin, de la palatine de Volhynie. Je ne sais si je dois conserver quelque espérance. Je fais ma cour avec assiduité, mais tout le monde ne me parle que d'économie et de réforme. M. Allouais se donne toutes les peines possibles; je ne saurai que dans huit jours à quoi je dois m'en tenir. Quel que soit le parti que je prenne, je vous en instruirai; je vous prie de ne point différer à me donner de vos nouvelles, et de les adresser à l'hôtel de la poste, où je suis logé. On me fera tenir vos lettres quelque part où je sois.

Varsovie était un désert lorsque je l'ai quitté : tout le monde se retirait dans ses terres; les mécontens se préparaient à sortir du pays pour aller prendre les eaux. Le roi n'avait point de cour; il venait la chercher chez le prince palatin, et le soir chez la chambellane de Lithuanie. Savez-vous quelles sont les personnes qu'il admet dans sa familiarité : M. Grandik, qui l'a déjà dessiné ou peint plus de douze fois dans toutes sortes d'attitudes, et madame Lhuillier. J'ai une seule médaille du couronnement, je vous l'enverrai par l'occasion que vous m'indiquerez; c'est Grandik qui me l'a donnée, c'est le distributeur des petites grâces. Il y a un autre favori qui s'appelle Thomatis; vous en aurez ouï parler.

Je ne me permets point de réflexions, je

serais suspect de partialité; mais toutes ces grandes espérances, ces vues citoyennes, et ce grand zèle pour la gloire de la patrie, cet amour de l'ordre, à quoi tout cela a-t-il abouti?

N° 16.

A MONSIEUR HENNIN.

Dresde, 5 juin 1765.

Je n'ai reçu qu'hier, Monsieur, la réponse que vous m'avez fait l'honneur de m'adresser; elle est datée du 6 février, et votre domestique qui me l'a remise a encore plusieurs lettres que je ferai partir incessamment pour Varsovie.

Je répondrai d'abord à l'endroit de votre lettre qui m'a le plus frappé, parce qu'elle me suppose un déguisement dont je suis incapable. Je puis donc vous jurer, Monsieur, sur mon Dieu et sur mon honneur, que depuis que je suis au monde je n'ai porté d'autre nom que celui de Saint-Pierre; quant à la queue de chevalier, qui de soi ne signifie rien, mes amis, et M. le baron de Breteuil le premier, me l'ont ajoutée sans que je m'en sois soucié. Elle donne à entendre que je suis gentilhomme, et c'est la vérité; on peut s'en informer au marquis de l'Aigle, lieutenant-général de Normandie, qui sait, suivant le certificat dont je suis porteur [1], que ma famille est originaire de Lorraine, que mon grand-père, gentilhomme de ce pays-là, sortit de sa patrie, et vint s'établir en Normandie; que lui et plusieurs de ses frères ont servi dans la maison du roi, etc. Voilà pour mon nom que je n'ai point changé, Monsieur, parce que je n'ai point à éviter les informations.

Pour me suivre plus loin, j'ai servi, comme je vous l'ai dit à Vienne, dans les géographes de l'armée, sous les ordres de M. le comte de Saint-Germain. M. Berthier, chef de ce corps, à Versailles, le sait fort bien, car j'eus une querelle avec son beau-frère que je traitai

---

[1] Nous avons ce certificat sous les yeux.

mal parce qu'il m'avait poussé à bout. Je quittai ce corps avec d'autant plus de plaisir qu'il était fort mal composé, et que l'occasion qui me fut offerte d'aller à Malte, semblait me promettre un état plus conforme à mes vues. Je n'obtins rien à mon retour, parce que, dans l'empressement que j'avais eu de partir, je ne fis point mes conditions assez assurées; mais je remportai force lettres de recommandation; une entre autres du bailly de Combreuse, ministre du roi, adressée à monseigneur le duc de Choiseul. J'en avais aussi du marquis et du chevalier de Mirabeau pour M. Dubois; toutes ces lettres me furent inutiles.

Si l'on feint dans les bureaux d'y connaître mon nom, faites-moi la grâce de vous informer à M. le comte du Luc, qui m'a connu à l'armée, à M. le marquis de Mirabeau, au chevalier du Roullet, qui savent que la cour m'avait envoyé à Malte, et que je portais alors le même nom qu'aujourd'hui.

Vous m'avez donné à Vienne, Monsieur, une forte preuve de votre amitié; mais le silence que vous avez gardé ne m'a pas prouvé votre estime. Cela ne diminue rien à ma reconnaissance, et me donne de vous la plus haute opinion, puisque vous m'avez obligé alors que je devais vous être suspect.

Vous m'obligerez, Monsieur, de me dire d'où vous tenez que j'ai changé mon nom, et quel est celui qu'on suppose que je portais en France. Rendez-moi en grâce ce service, car je compte pour tel le retour de votre estime.

Au reste, Monsieur, c'est sans nul intérêt, car je ne compte plus sur rien dans ma patrie; je vais chercher la fortune si quelque porte peut s'ouvrir encore, et si je la désire, c'est pour m'acquitter envers vous un jour et envers quelques autres amis.

Pour la Pologne, je n'y retournerai plus, et je n'aurais pu accepter, par toutes sortes de raisons, le grade et les appointemens de lieutenant. Une des principales est que le service de ce pays est trop peu considéré, et trop mal payé.

Je suis accoutumé à vivre de peu; vous avez raison, et cela ne m'humilie point; et si je peux perfectionner cette vertu, je trouverai partout un coin de terre où je vivrai content si je suis libre.

J'ai éprouvé des peines bien cruelles depuis six mois. Si la fortune nous rapproche un jour, vous ne me blâmerez pas tant [1]. Je ne suis pas fâché que vous me grondiez; cela me prouve de l'intérêt, et la dernière preuve que je vous prie de m'en donner, est de me dire tout ce qu'on vous a dit sur mon compte, et de prendre en même temps des informations, comme au bureau des géographes, au premier secrétaire de M. de Choiseul, à qui j'ai remis des lettres de Malte. Je ne vous adresse point à mes amis.

En attendant que je prenne un parti, je m'amuse ici autant qu'il est possible dans un pays où on ne s'occupe que d'économie. Je suis arrivé à Dresde avec beaucoup de recommandations pour la cour; je suis invité de temps en temps chez le ministre de France, chez celui d'Angleterre, et chez le comte de Bellegarde, commandant de la ville neuve, où je soupe tous les soirs [2]. Voilà la vie que je mène; mais je n'ai aucune espérance de fortune ici, et c'est ce qui gâte tout.

---

[1] Ceci est relatif à son amour. *Voyez* les Mémoires sur la vie.

[2] *Voyez* les Mémoires sur la vie.

Au reste, je me réjouis sincèrement, Monsieur, de la vie agréable que vous menez à Versailles. Je suis persuadé que je ne tarderai pas à apprendre de vos nouvelles par la voie publique; il ne saurait vous arriver autant de bonheur que je vous en souhaite.

La réponse qu'on a faite dans les bureaux prouve une indifférence à laquelle je suis fort sensible, parce qu'elle m'ôte l'espérance de rentrer dans ma patrie. J'ai pour moi le témoignage de ma conscience, et pour mes amis celui des personnes connues par leurs emplois et par leur mérite.

Je vous prie d'adresser vos lettres à Dresde, à l'hôtel de la poste : on me les fera tenir partout où je serai.

N° 17.

A MONSIEUR HENNIN.

A Saint-Romain, 20 février 1766.

Monsieur et cher ami,

La Providence, qui dispose de tout, a voulu que, huit jours après mon arrivée à Paris, j'aie reçu la nouvelle de la mort de mon père. Ce malheur m'a obligé de faire un voyage dans ma famille. Je tâche d'y rassembler quelques débris de patrimoine qui me serviront à préparer ma fortune à venir. Si je pouvais l'attendre dans ma patrie, je serais content; mais à quelle porte frapper, et que demander?

On m'avait promis, à Dresde, des lettres pour madame la Dauphine; on ne me les a point envoyées. D'un autre côté, j'ignore absolument quelle espèce d'emploi pourrait me convenir. A ne consulter que mon inclination, je ne voudrais pas changer d'état; mais dans le corps du génie de France tout est rempli. Il en est de même de l'armée.

Je compte dans un mois être de retour à Paris; vous pourriez m'y procurer quelque bonne connaissance qui, jointe aux autres et à une lettre de la princesse M.... pour M. Durand, me procurerait quelque débouché.

Vous m'obligeriez encore de me servir de votre expérience aux emplois que je pourrais solliciter. Nos amis savent souvent mieux que nous-mêmes ce à quoi nous sommes propres.

Je n'ai aucun plan à vous faire remettre jusqu'ici. Quand je serai de retour à Paris, j'en formerai quelque collection. En attendant, si vous voulez la médaille du roi de Pologne, je vous la ferai parvenir par telle occasion que vous voudrez.

Je vous ai mandé, je pense, qu'on m'avait offert, en Prusse, du service comme capitaine dans le corps du génie; mais l'amour de la patrie l'a emporté. Vous m'obligeriez de rappeler à M. d'Allouais la promesse que m'a faite, à Dresde, M. le comte de Fleming de me faire avoir des lettres pour madame la Dauphine. Il serait peut-être possible d'être attaché auprès des princes à quelque partie de leur éducation.

Je ne suis occupé à présent que de procédures. Je me hâte de terminer mes affaires. Faites-moi le plaisir de m'adresser vos lettres à l'hôtel de Grenelle, rue de Grenelle, à Paris.

N° 18.

REPONSE DE MONSIEUR HENNIN.

A Genève, le 15 mars 1766.

J'ai reçu, Monsieur et très-cher ami, votre lettre du 20 février. Vous m'avez fait plaisir de me dire que votre premier soin serait de tâcher de vous fixer en France. M. Durand pourrait vous être très-utile ; engagez-le, si vous pouvez, à vous faire connaître de M. de Sainte-Foy qui sait déjà qui vous êtes ; c'est un homme très-porté à rendre service, et tôt ou tard vous vous en trouverez bien. Vous pouvez vous réclamer de moi auprès de lui; en m'avertissant à temps, je lui parlerai de vous comme j'en pense, et peut-être, malgré les hauts et bas de ma fortune, n'aurai-je pas perdu la possibilité de vous être bon à quelque chose.

Je vous conseille de vous occuper à écrire ce qui vous a passé sous les yeux; car la meilleure mémoire devient trompeuse, et comme vous êtes, à ce qu'il me paraît, assez peu curieux de vos ouvrages, donnez-les-moi en garde. Je serais très-aise d'avoir, par exemple, votre Mémoire sur la Finlande, et les autres pièces relatives à la Russie que vous m'avez montrées. Peut-être aussi vous reste-t-il quelque chose de Pologne.

La médaille du roi de Pologne me manque; vous pourriez trouver moyen de la faire remettre, dans une lettre, à quelqu'un du bureau des affaires étrangères qui me la ferait passer dans le paquet du ministre.

J'ai conservé on ne peut pas moins de relations en Pologne et à Dresde, ma fortune n'y suffirait pas.

Me voici dans des embarras un peu plus grands que ceux que j'avais à Varsovie. On a envoyé à Genève un ambassadeur pour terminer, de concert avec des ministres suisses, les différends qui ont pensé allumer la guerre civile dans cette république. Monsieur le chevalier de Beauteville logera chez moi avec trente personnes ; jugez de l'état où seront mes affaires après ce surcroît de dépense. La fin de tout ceci me sera, j'espère, favorable, et je ne penserai plus qu'à vivre doucement dans la belle retraite qui m'a été assignée.

J'ai beaucoup augmenté mes collections géographiques et topographiques, et je vous prie de veiller à ce qui pourrait me convenir. Les cartes, plans et vues M. S. sont ce qui m'intéresse le plus.

Donnez-moi de temps en temps de vos nouvelles.

Hennin.

N° 19.

✸

A MONSIEUR HENNIN.

Monsieur et cher ami,

Vos lettres me font toujours un nouveau plaisir ; mais quand vous ne me donneriez pas de vos nouvelles, je trouverais dans les gazettes à satisfaire ma curiosité sur votre compte. Je n'en suis pas encore là, quand il s'agit de vous faire réponse, et je ne sais encore quelle tournure mes affaires vont prendre.

Je compte être de retour de province vers la fin de ce mois ; vous m'obligeriez de me donner un mot de lettre pour M. de Sainte-Foy, cela ferait tous les biens du monde.

Quoique je n'aie préparé aucun système de fortune, je pense que ceux qui disposent du sort des États, que ceux qui, comme vous, ramènent la tranquillité dans les républiques, peuvent bien savoir à quoi serait propre un homme qui a sincèrement envie d'être utile à sa patrie.

Vous dites que M. de Sainte-Foy me connaît de réputation. C'est bien de l'honneur, mais encore souvenez-vous que je vous dois cet honneur-là, et que pour rendre l'obligation complète, vous pouvez me mettre dans une position à vous devoir ma fortune.

La princesse M..... m'a donné une lettre pour M. Durand, lorsque je quittai la Pologne, il y a plus d'un an. C'est une lettre de recommandation bien vieille, dont je ferai cependant usage. Elle m'a marqué dernièrement qu'elle était persuadée que vous me serviriez de tout votre crédit. C'est dire beaucoup.

Vous pouvez compter sur mes Mémoires, sur la médaille du roi de Pologne et sur mon amitié et ma reconnaissance, sans vanité plus rares que toutes les médailles, et meilleures que toutes mes observations. L'adversité détruit les petites passions, comme le vent du nord fait mourir les chenilles. Je peux donc aimer par sentiment, estimer sans jalousie, et honorer sans envie.

Dès que j'aurai reçu votre réponse, je partirai pour Versailles. En attendant je remercie le ciel de m'avoir fait connaître un homme de mérite, et de lui préparer une carrière aussi brillante pour lui qu'utile aux autres.

Jouissez donc long-temps d'une santé qui vous conserve à vos amis. Joignez ensemble les agrémens d'une retraite délicieuse, et l'éclat qui accompagne les fonctions publiques. En Pologne, vous ranimiez la liberté; à Genève, vous rappelez la concorde; vous aimez les arts, vous êtes sensible à l'amitié; un jour vos soins et votre expérience s'étendront à un plus grand nombre d'hommes. Qu'aurez-vous alors à désirer? N'est-ce pas régner que de faire du bien?

A l'hôtel de Grenelle, rue de Grenelle, à Paris.

N° 20.

A MONSIEUR HENNIN.

Monsieur et très-cher ami,

Je me hâte de vous faire part de mes espérances : M. Durand vient de me dire que M. Dubusq lui avait promis que je serais placé comme capitaine aux colonies, ou comme ingénieur, dans le même grade, aux colonies, ou même en France, en laissant la chose à ma disposition; d'ailleurs il a paru content de mon Mémoire.

Il a ajouté qu'il ignorait si ce serait pour cette année ou pour l'autre, et m'a recommandé d'aller voir M. Dubusq de sa part. Je compte un de ces jours en trouver l'occasion, car il doit arriver vers la fin de la semaine.

Vous me ferez plaisir de m'aider de vos conseils dans cette affaire, comme vous m'avez servi de votre crédit en intéressant en ma faveur la maison de Broglie.

Ne me dissimulez rien, je vous prie; et, pour vous engager à me parler avec toute confiance, je vous dirai que si j'avais à me décider, ce serait pour une compagnie dans un régiment aux colonies, où les occasions d'agir seront les plus prochaines et les plus promptes.

Le corps des ingénieurs est très-respectable, mais il y règne une jalousie qui ne me pardonnerait pas d'être entré par une autre porte que celle des écoles.

Mes connaissances de mathématiques me serviront d'autant mieux dans un régiment, qu'elles y sont moins communes, qu'elles sont souvent nécessaires, enfin que ce sera une surabondance qui ne paraîtrait point dans un corps composé d'habiles gens. Voilà mes raisons; si vous les approuvez, je les croirai bonnes.

Je compte voir M. de Sainte-Foy, et vous

prie de me donner auprès de vos amis les relations que vous croirez utiles à ma fortune.

Si j'avais quelques fonds en passant aux colonies, il me serait possible de m'acquitter de quelques dettes qui me mettent l'esprit mal à mon aise, et deux ans ne se passeraient pas que je ne les eusse acquittées.

Ne me sachez pas mauvais gré si je n'ai pas encore fait une copie de mon Mémoire. Je suis dans le moment de la crise, et obligé d'aller et de venir dans Paris, ce qui est fatigant quand on va à pied; les médecins disent que cela est fort sain, mais cela m'emploie tous les instans du jour, et m'empêche de tenir ma parole.

J'ai dîné, il y a quelques jours, chez M. le comte de Mercy qui m'a promis de parler directement au ministre. Je ne sais encore ce qu'on lui a répondu, mais dans l'intervalle M. Durand a fait son affaire. J'ai une grande confiance en lui, car il ne m'a rien promis jusqu'au moment où il a réussi. Il y a plus : je crois que je parviendrai à placer avec moi, comme lieutenant, un frère cadet, ce qui achèverait de combler mes espérances.

Je dois à M. le comte de Broglie le crédit de

M. Durand, et je vous dois la protection de M. le comte de Broglie. Recevez donc mes remerciemens dans toute la sincérité de mon cœur, et croyez que je désire bien ardemment de vous donner des preuves réelles de ma reconnaissance et de mon amitié.

Je suis pour toute ma vie,

Votre, etc.,

De Saint-Pierre.

Paris, ce 3 décembre.

Si vous aviez ici quelqu'un de confiance à qui je pusse remettre mes Mémoires, pour vous en faire une copie, cela m'épargnerait bien de l'ennui, et vous serait plus agréable, car j'écris assez mal.

Adressez-moi, je vous prie, vos lettres à l'hôtel des Quatre-Nations, rue des Maçons, sous l'enveloppe de M. Moreau.

N° 24.

REPONSE DE MONSIEUR HENNIN.

A Genève, le 20 décembre 1766.

La multitude d'occupations désagréables dont je suis accablé depuis quelque temps, ne m'a pas laissé le moment de répondre à votre lettre, mon cher chevalier. Elle m'a fait le plus grand plaisir, et j'attends avec impatience le succès de vos espérances.

Mon avis est toujours que vous préfériez les colonies, où vous pouvez plus aisément vous faire un nom et une fortune. Vos talens y seraient plus nécessaires, et par conséquent plus récompensés, et, comme vous l'observez, les occasions d'y être utile doivent se présenter plus facilement qu'en France.

Quant au corps de génie, vous ne pourriez guère y entrer sans faire crier quelqu'un, et vous ne seriez de long-temps à portée d'y avoir une place avantageuse.

Vous ne doutez pas, je crois, des vœux sincères que je fais pour le succès de ce que M. Durand vous a annoncé. Ne négligez point M. le comte de Broglie, il est très-actif à rendre des services; voyez aussi M. de Sainte-Foy, qui peut beaucoup, surtout si vous allez aux colonies.

Je ne connais point M. Dubusq, si ce n'est pour avoir dîné une ou deux fois avec lui; il m'a paru homme d'esprit et assez ferme dans ce qu'il entreprend; tâchez qu'il vous prenne en amitié.

Vos Mémoires me feront toujours plaisir, mais rien ne presse. Si vous passez aux colonies, vous aurez le temps et les moyens de contribuer à enrichir mon cabinet, et alors j'espère que vous ne m'oublierez pas.

Je vous embrasse bien sincèrement, et suis pour la vie, votre serviteur et votre ami.

HENNIN.

N° 22.

A MONSIEUR HENNIN.

4 mai 1766.

Monsieur et cher ami,

Depuis quelques jours je suis de retour à Paris; mon premier soin a été de m'informer s'il n'y avait pas de lettres de Genève. Je comptais que vous m'en auriez envoyé une pour M. de Sainte-Foy. En attendant, j'ai appris que M. Durand était à Paris; j'ai profité de la bonne volonté de M. l'abbé de Broglie et de l'amitié de M. l'abbé du Neuf-Germain, son grand-vicaire, qui m'a présenté de sa part à M. Durand, à qui j'ai remis une lettre de la princesse M..... M. Durand m'a dit qu'il était moralement impossible que je pusse trouver du service, même aux colonies; il a ajouté qu'en toute autre chose il se ferait un plaisir de m'être utile; j'ai dit deux mots des affaires étrangères, mais il y a encore plus de difficulté. C'est ce qu'on appelle être tué du premier coup. J'ai cependant parlé de quelques observations, on m'a dit qu'on les verrait avec plaisir, et qu'on les communiquerait au ministre[1]. C'est ce qui n'est pas vraisemblable; mais dans ma position ne dois-je pas tout croire et tout tenter ?

J'ai parlé de M. de Sainte-Foy; on m'a répondu qu'il était trésorier de la marine, mais qu'il n'avait plus aucun département. Quoi qu'il en soit, et en attendant l'effet des Mémoires que j'ai remis à M. Durand, obligez-moi de me donner une lettre pour votre ami. Sa connaissance, comme vous me l'avez marqué, me sera utile tôt ou tard.

Je m'occupe à écrire sur les mœurs des Russes. C'est un Mémoire que je travaille avec

[1] *Voyez* les Mémoires sur le Nord, Observations sur la Pologne.

soin, quoiqu'avec plus de vérité que d'agrément. Il vous est destiné, et à vous seul, car je ne sais à qui j'oserais le confier.

Quand M. Durand m'aura renvoyé mes observations, je ne perdrai pas un moment à vous en faire une copie que je vous enverrai avec la médaille du roi de Pologne, que je pourrais vous faire passer dès à présent, si vous m'indiquiez une occasion : j'y joindrai une assez belle chrysopale qu'un ami m'a donnée en Prusse.

Pour des vues et des dessins, le peu que j'en ai fait est à Saint-Pétersbourg; d'ailleurs, en cela mes talens sont bien médiocres.

Je suis bien surpris qu'on ne m'envoie pas de Dresde la lettre que la cour m'avait promise pour madame la Dauphine; j'écris à M. le comte Fleming, qui m'en avait donné sa parole, et à M. d'Allouais qui en fut témoin.

Vous pouvez penser que ma position n'est pas heureuse ; je n'ose former aucun projet, ni entretenir la moindre espérance.

De quelque manière que mes affaires tournent, soyez persuadé que je ne perdrai jamais de vue les obligations que je vous ai. Vous m'avez donné tant de preuves de votre amitié, que vous n'avez rien à ajouter à ma reconnaissance.

A Paris, ce 4 mai 1766.

Chez M. Noguères, vis-à-vis de M. de Boulogne, près des Jacobins, rue Saint-Honoré, à Paris.

Il règne ici un tumulte où je ne suis guère accoutumé; c'est un fracas d'équipages et de luxe de tous les genres. Tout Paris court après le prince héréditaire. Ce ne sont que des fêtes d'une magnificence de fée. On parle aussi de crimes affreux. Un homme a tué son ami, l'a mis dans une valise, après lui avoir coupé la tête. Un officier fut tué, il y a quelques jours, sans qu'on lui ait donné le temps de mettre l'épée à la main. Un autre a poignardé sa maîtresse. Jusqu'au gardien des capucins qu'on a trouvé dans sa chambre, assassiné de deux coups de couteau. Voilà du désordre dans tous les états et de la gaieté; dans vos cantons on est plus tranquille et plus sage.

N° 23.

RÉPONSE DE MONSIEUR HENNIN.

À Genève, le 12 juin 1766.

J'ai reçu vos deux lettres, Monsieur et très-cher ami, et j'y ai vu avec peine que vous n'aviez arrêté aucun plan pour vous procurer un établissement en France. Le moment n'est pas favorable, il est vrai, mais avec de la persévérance, vous pourriez ouvrir quelque voie.

Vous avez vu M. Durand, et vous ne l'avez pas trouvé fort accueillant, c'est son naturel. Au fond, je suis sûr qu'il vous rendrait service s'il le pouvait.

M. de Sainte-Foy a quitté les affaires étrangères, et paraît ne pas vouloir s'en occuper davantage; cependant, puisque vous imaginez qu'il peut vous être utile, je joins ici une lettre pour lui que vous pourrez lui remettre à son retour de Normandie.

Au défaut de ces portes qui peuvent ne pas vous conduire aussi vite que je le désirerais, j'ai imaginé de vous adresser à M. le comte de Broglie qui a toujours eu beaucoup de bontés pour moi, et que je souhaiterais fort qu'il se prît de goût pour vous. Le caractère de son cœur et son esprit le rendent le protecteur le plus constant et le plus actif. Je n'ai pas besoin de vous dire qu'il faut aller doucement avec lui, vous jeter entre ses bras. Parlez de Pologne, de Russie, de madame la princesse M....., de la maison Sanguscko, etc.: vous serez bien reçu. Il tient encore à ce pays où il a été long-temps aimé et estimé.

Je suis toujours attendant la fin de la médiation de Genève, pour vivre ici comme il convient à un homme qui sait se borner. Ma bibliothèque fera ma principale ressource; je l'arrange avant de l'augmenter. Du reste, Genève me paraît un pays fait pour moi, on y a peu d'amusemens bruyans, la société y est douce et tranquille; j'y jouirai avec le temps d'une honnête aisance; que faut-il de plus quand on touche à la quarantaine?

Adieu, Monsieur; donnez-moi quelquefois de vos nouvelles, instruisez-moi du succès de vos démarches, et soyez persuadé que vous me causerez une joie bien sincère lorsque vous m'apprendrez qu'enfin vous êtes fixé dans votre patrie, et sur le chemin des grâces que votre sagesse et vos talens doivent vous mériter tôt ou tard. Je vous embrasse bien sincèrement.

Hennin.

Je vous préviens que certain général bardé d'un cordon bleuâtre, qui vous a déjà nui auprès de M. le duc de Praslin, pourrait bien chercher à en faire de même vis-à-vis M. le comte de Broglie; mais je ferai en sorte de rendre ses efforts inutiles.

N° 24.

A MONSIEUR HENNIN.

A Ville-d'Avray, ce 18 juillet 1766.

J'ai reçu, Monsieur et très-cher ami, avec bien de la reconnaissance vos deux lettres de recommandation pour M. le comte de Broglie et pour M. de Sainte-Foy.

Deux jours avant j'avais eu avec M. Durand une seconde entrevue; il était sur son départ pour l'Angleterre. Il m'a paru cette fois plus disposé à me rendre service; il m'a demandé combien de temps l'état de ma fortune me permettait d'attendre. Six mois, lui ai-je dit; il m'a répondu que ce n'était pas assez, et qu'il fallait faire durer mes fonds un an; qu'il me conseillait de me retirer aux environs de Paris où je pourrais vivre à meilleur compte; qu'à son retour vers le mois d'octobre, je retournerais à Paris où il s'emploierait pour moi.

Je me suis logé chez le curé de Villé-d'Avray, à trois lieues de Paris. Je suis au milieu des bois, j'emploie le temps de ma solitude à rassembler quantité d'observations sur les pays étrangers. J'en ai sur la Hollande, la Prusse, la Saxe, la Pologne et la Russie. Il faudra au moins quatre mois avant que je puisse faire de tout cela quelque chose de supportable. Vous pouvez compter que je vous les enverrai avec celles que vous avez vues; en attendant, vous recevrez par la présente la médaille du roi de Pologne et la chrysopale dont je vous ai parlé. J'y aurais joint une cuiller d'un métal qui a toute la beauté de l'or, mais cela eût fait trop de volume; c'est une découverte qui a péri avec son inventeur, baron allemand, qui cherchait la pierre philosophale.

M. le comte de Broglie m'a assuré qu'il était sans crédit; que M. Durand seul pouvait me rendre service; qu'il était très-difficile d'avoir du service comme capitaine; que la chose serait facile comme lieutenant.

M. de Sainte-Foy m'a dit que cela était possible en s'y prenant de bonne heure pour l'année prochaine, qu'il s'y emploierait alors volontiers, qu'il me conseillait de rédiger mes observations pour les faire valoir ensuite auprès du ministre.

Dites-moi votre avis sur le plan que je suis. Chaque pays me fournit trois différens objets.

Le premier sur le climat, la terre, sa fécondité intérieure et extérieure; les eaux, leur production et leur nature; l'air et ses météores. Voilà pour le pays.

Dans le second, je rapporte ce que j'ai observé sur la nation en particulier; la figure des hommes et des femmes, leurs alimens, leur habillement, leur esprit, les arts, l'industrie, les qualités du cœur, leur courage, leurs passions, leur religion.

Dans le troisième, je considère la nation en général; l'agriculture, le commerce et la population qui en résulte; ensuite le corps politique de l'État, la masse du peuple, la noblesse et le clergé : d'où il résulte le pouvoir de la nation au dehors et sa constitution intérieure ; puis vient le gouvernement , et enfin des particularités sur le caractère du prince.

Voilà l'échafaudage de mon édifice qui deviendrait immense, si le temps, les matériaux et la tranquillité d'esprit ne me manquaient pas.

C'est ainsi que je file ma soie. J'en verrai la fin avec celle de mes forces.

On ne saurait d'ailleurs vivre d'une manière plus retirée; cette vie, quoique mélancolique, me plairait si elle pouvait durer ; cependant, je retournerai à Paris vers le mois d'octobre, afin d'être à portée d'y voir fréquemment les personnes qui s'intéressent à moi.

Vous me surprenez en m'apprenant les mauvais services d'un homme que je n'ai connu qu'en passant. Si j'ai mérité son inimitié pour être votre ami , je m'en félicite.

Je vous prie de m'adresser vos lettres sous l'enveloppe de quelque personne des affaires étrangères, si cela est possible. Quelque recherche que j'aie faite de vos lettres, je n'ai pu trouver celle où vous m'envoyez l'adresse du commis des affaires étrangères. J'ai pris le parti de faire remettre ce paquet chez vous, à

Versailles, persuadé qu'on vous le fera parvenir.

Je suis, avec une vraie reconnaissance,

Votre sincère ami.

S'il était possible d'engager M. Durand à me faire employer dans les affaires étrangères, en quelque commission au dehors ou au dedans, à la suite de quelque ambassade; qu'en pensez-vous? Ouvrez-moi quelque idée là-dessus. Passer aux îles comme lieutenant, à mon âge, dans mon grade, sans fortune, c'est une ressource bien triste, et comment m'acquitter de ce que je dois à vous et à quelques autres amis?

Adressez-moi toujours vos lettres à l'hôtel de Grenelle, rue Saint-Honoré.

La chrysopale est une pierre découverte en Silésie, par le général Fouquet, qui en envoya une tabatière au roi de Prusse. Ordinairement ces pierres sont fort petites. Le roi lui manda s'il ne pourrait pas lui en envoyer de quoi faire une colonnade.

N° 25.

RÉPONSE DE MONSIEUR HENNIN.

A Genève, le 6 août 1766.

J'ai reçu, Monsieur et très-cher ami, votre lettre de Ville-d'Avray et ce qui y était joint dont je vous remercie. J'ai vu avec plaisir que vous avez été content de l'accueil de M. Durand. M. de Sainte-Foy pourra aussi vous être utile : cultivez-les.

Je compte toujours sur vos Mémoires, mais si vous m'en croyez, vous vous méfieriez de votre projet quant à la forme à y donner. De trop grandes entreprises fatiguent; d'ailleurs il est impossible de ne pas répéter ce que les autres ont dit, et pour se montrer capable de travailler, il n'est pas nécessaire de faire un livre. Des Mémoires particuliers plaisent quelquefois davantage que de gros ouvrages, et on les lit plus volontiers.

Vous voulez que je vous parle avec franchise; à votre place je préférerais le service militaire à tout autre, et celui de mer à celui de terre par plusieurs raisons. Vous avez des avances dans les sciences qui peuvent vous rendre utile dans les colonies : la géographie et la mécanique. Qu'importe le rang avec lequel vous y passerez pourvu que vous puissiez vous y faire connaître. J'ajoute que ces pays fournissent une ressource dont vous êtes plus en état de profiter que personne. Un bon mariage peut y réparer tous les tours que la fortune vous a joués, et vous deviendrez riche colon, au lieu qu'en Europe vous seriez peut-être long-temps un militaire malaisé. Quant à la politique, je ne conseillerai jamais à personne de suivre cet état; il est trop incertain et environné de trop d'écueils.

Voilà, Monsieur, ce que je crois devoir vous dire pour répondre à la confiance que vous me témoignez. Je souhaite extrêmement que vous adoptiez mes idées. La retraite que vous habitez vous aura peut-être mis à portée de faire des connaissances utiles dans les personnes qui approchent Mesdames et madame la Dauphine. Profitez-en, intéressez Versailles à votre sort, et vous en tirerez parti. Vous savez que M. de Mercy vient ambassadeur en France, et pourra aussi vous être utile. J'aimerais mieux pour moi que vous fussiez fixé dans ce pays, mais si rien ne se décide promptement, allez en Amérique, aux Grandes-Indes s'il le faut, pour employer le reste de votre jeunesse à vous procurer une fortune qui vous dédommage des peines que vous avez essuyées.

Adieu, Monsieur, je suis bien sensible aux marques d'amitié que vous continuez à me donner, et vous proteste que ce sera pour moi une joie extrême que d'apprendre que vous commencez à être heureux. Ce sont les sentimens auxquels vous reconnaîtrez toujours votre sincère ami.

Voyez M. de Sainte-Foy, il me paraît disposé à vous obliger, je lui ai encore écrit à votre sujet.

N° 26.

A MONSIEUR HENNIN.

Monsieur et cher ami,

Je suis également sensible aux conseils que vous me donnez sur le plan de ma fortune et de mes ouvrages. J'adopterai le premier qui d'ailleurs ne dépend pas de moi. Pour le second je vous dirai comme Médée : *Video meliora, deteriora sequor*. Prenez que ce soient des études, voilà où se bornent mes talens. J'ai rangé mes observations dans l'ordre le plus simple, des mains plus habiles les disposeront convenablement. La science ressemble à cette fameuse courtisane d'Égypte qui demandait une pierre à chacun de ses amans : je n'ai que des briques à donner, et si la pyramide doit être de marbre, il faut se contenter d'être placé dans l'intérieur.

Vous ne m'avez point parlé de M. de Voltaire dont vous êtes si voisin. Si vous étiez lié avec lui, vous pourriez l'engager à me rendre un service bien important : il a des connaissances si étendues et je lui crois le cœur si bon, que peut-être voudrait-il perdre en ma faveur un peu de son temps. Voici de quoi il s'agit

A mon retour en France, on m'a assuré que le Roi avait ordonné qu'on fît des recherches sur les descendans d'Eustache de Saint-Pierre, maire de Calais, et que jusqu'ici on n'avait pu rien découvrir.

Je vous assure, mon cher ami, que dès mon enfance j'ai ouï dire à mon père que nous descendions de ce fameux citoyen dont les enfans furent s'établir en Lorraine. Il nous a souvent répété à mes frères et à moi le trait d'histoire comme une tradition qu'il tenait de ses ancêtres; ceux qui ont connu mon père savent bien qu'il ne cherchait pas à nous inspirer trop d'ambition. Notre fortune ne comportant pas des projets bien étendus; il a toujours cherché à nous inspirer de la modération dans nos vues, et ne se prêtant qu'avec bien de la peine à notre entrée dans le service, il semble nous avoir prédit ce qui nous est arrivé, faute de protection.

Quoi qu'il en soit, je n'ai trouvé dans les papiers de ma famille aucune trace qui puisse me guider jusqu'à un temps si reculé, hors notre généalogie de quatre générations jusqu'à Antoine de Saint-Pierre qui quitta Nancy pour venir s'établir en Normandie.

Si vous croyez qu'on puisse remonter par ce fil jusqu'à Eustache de Saint-Pierre, je vous prie d'engager M. de Voltaire à faire pour moi quelque démarche à votre considération. Je sais bien que chaque plante doit porter sa fleur, mais une pareille découverte ne servirait qu'à me mettre plus à portée de servir ma patrie.

Je compte rentrer à Paris à la fin de ce mois, et me hâter de mettre toutes mes écritures au net pour la fin d'octobre. Après cela je ferai ma cour, car jusqu'ici tout occupé de mon objet je ne peux voir personne. Vous m'obligerez d'écrire à M. Moreau, de m'adresser vos lettres à l'hôtel de Grenelle. J'irai saluer M. de Sainte-Foy, je vous suis bien obligé d'avoir réitéré votre recommandation.

A Ville-d'Avray, ce 15 septembre 1766.

N° 27.

RÉPONSE DE MONSIEUR HENNIN.

A Genève, le 30 septembre 1766.

Je suis très-aise, Monsieur et très-cher ami, que vous preniez le parti de passer aux Indes s'il n'y a rien à faire pour vous dans ce continent. Un homme sage et instruit comme vous l'êtes devient précieux dans les colonies, et je me flatte de vous en voir revenir bientôt assez riche pour ne faire que ce qui vous plaira.

M. de Voltaire n'est guère à portée de faire les recherches généalogiques que vous désirez; outre que ce travail n'est pas de son ressort, il manque de livres et de documens. C'est à

Nancy que vous pouvez trouver ce que vous cherchez. J'ai idée qu'il existe un nobiliaire de Lorraine, ou du moins un ouvrage qui traite de la noblesse de cette province. Vous pouvez aussi consulter les généalogies des familles de ce pays-là qui ont été publiées; celles des du Châtelet, des Choiseul, etc. Il suffit souvent d'un mot pour mettre sur la voie, et peut-être tout ce dont vous avez besoin existe-t-il dans les mains de gens qui n'en ont que faire.

Faites-moi le plaisir de m'instruire de ce que vous aurez obtenu, et soyez sûr que si je puis par mes amis vous procurer quelque avantage je m'y emploierai avec toute l'activité possible. Il s'agit d'un premier pas après lequel je suis bien sûr que vous n'aurez besoin que de vous-même.

J'ai ici une place qui a été fort mal traitée depuis long-temps. Tous mes prédécesseurs s'y sont ruinés, et si on n'y a pas égard je serai forcé d'y renoncer dans quelques années. L'opulence passagère dont j'ai joui m'avait un peu gâté, ceci me rendra plus circonspect. Je suis déjà en avance de plus de dix mille livres. Si je regrette que la fortune m'ait abandonné, c'est parce qu'elle m'a mis hors d'état de rendre service dans l'occasion. Peut-être les choses changeront-elles.

Adieu, Monsieur; donnez-moi de vos nouvelles, et soyez assuré que rien n'altérera les sentimens d'attachement que je vous ai voués pour la vie.

Hennin.

N° 28.

※

A MONSIEUR HENNIN.

Monsieur et cher ami,

J'avais attendu à vous écrire que mon sort fût décidé, et en cela j'ai eu tort, il ne faut point faire dépendre nos devoirs des événemens de la fortune puisqu'il n'y a rien de si incertain.

M. le comte de Mercy a parlé de moi à M. le duc de Choiseul qui lui a répondu qu'il voulait me connaître et me placer. J'ai volé chez le ministre qui m'a dit de revenir un autre jour, sans pouvoir se rappeler ni qui j'étais, ni ce que je voulais; si le contraire fût arrivé, j'aurais été étonné. Il y a tant de monde si considérable et si importun, qu'il n'y a pas moyen de se faire jour. Après plusieurs allées et venues j'ai renoncé à l'emploi très-ruineux de faire ma cour, et j'ai suivi uniquement le fil de mes anciennes espérances.

J'ai écrit à M. Dubusq par le conseil de M. Durand. Il m'a répondu fort honnêtement *qu'il était prêt à me rendre toutes sortes de bons offices, mais qu'il craignait que l'affluence des demandeurs ne retardât le succès de ma demande.*

Voilà où j'en suis, nageant entre deux eaux, ne sachant pas ce qui m'est réservé. Je tâche de m'occuper en brouillant du papier; j'écris çà et là mes pensées sur quantité de feuilles de papier, comme la sibylle. Je vous réponds qu'il y a quelquefois une telle confusion et un si grand désordre, qu'ils ne ressemblent pas mal à ces anciens oracles. Voilà comme je chasse des réflexions tristes par d'autres qui sont folles, et comme je bannis l'idée de l'avenir pour trouver le présent supportable.

Je ne vous parle point de vos affaires, la gazette m'instruit suffisamment; j'imagine que vous n'avez guère de repos. Je souhaite bien sincèrement que la tranquillité publique se rétablisse puisque la vôtre y est attachée. On dit que les environs de Genève sont très-agréables et que la société y est bonne. On peut vivre heureux quand on est content des hommes et du climat, mais vos occupations vous privent peut-être de ces avantages. C'est un malheur attaché à votre état de vivre pour les autres et non pour soi, et d'acheter par la privation des biens qui rendent les hommes heureux, la gloire de leur être utile.

J'ai l'honneur d'être avec une sincère amitié,

Monsieur et cher ami,

Votre, etc.

DE SAINT-PIERRE.

A Paris, le 16 février 1767.

A l'ancienne Académie, rue de Vaugirard.

N° 29.

✻

A MONSIEUR HENNIN.

Monsieur et cher ami,

J'ai été bien long-temps sans vous donner de mes nouvelles. J'avais honte de vous mander des choses tristes.

Imaginez-vous qu'après un an de sollicitation et d'inquiétude, après avoir donné mon Mémoire, qu'on a goûté, il n'y a point eu de promotion dans les troupes des colonies. On m'a conseillé de demander du service dans le génie des colonies, on m'a persuadé que la chose était facile. C'était M. Dubusq, intendant et premier commis de la marine, qui me donnait ce conseil. Je ne sais si quelque ennemi caché m'a rendu un mauvais service, mais on m'a répondu que l'ingénieur en chef des îles proposait cinq ingénieurs, précédemment réformés, et qu'il fallait lui en écrire pour avoir son agrément. C'est une affaire à durer encore cinq ou six mois, et dont le succès est très-incertain.

Voilà où j'en suis. Ai-je donc des ennemis, moi qui n'ai offensé volontairement personne, dont la conduite, tout-à-fait retirée, ne me répand point au dehors, dont les talens sont sans éclat et sans réputation, et dont la fortune est bien peu digne d'envie?

Malgré tant de traverses, je n'ai point perdu courage. Je trace, comme le bœuf, ce pénible sillon, qu'on appelle la vie, sans regarder devant ni derrière moi, et quand je serai au bord du fossé il faudra faire la culbute.

Outre mes observations sur les pays que j'ai vus, j'ai fait, pour m'occuper, une espèce de chronologie des souverains des huit principaux États de l'Europe avec le caractère de chaque prince, la durée de son règne et l'état de la nation. Tout cela, si abrégé que dans une ligne de papier à lettre, j'ai tout ce qui regarde le prince, et dans la ligne de la contre-page le développement de la puissance de son royaume. Cela me forme une espèce de médailler qui m'amuse et m'instruit plus que vous ne sauriez croire. Ce sont des matériaux qui pourront me servir. Je m'occupe à présent d'un Mémoire pour M. le duc de Choiseul, afin de lui rappeler, s'il se peut, le souvenir d'un homme dont il a dit qu'il ne fallait pas laisser le zèle de côté. Cet essai a pour objet de prévenir la désertion.

Ce petit travail m'a engagé dans des recherches sur la nature de notre esprit militaire, et j'ai trouvé dans mon médailler, que depuis Clovis jusqu'à Louis XIV, nos soldats ont été des fanatiques, et que cet esprit venant peu à peu à décroître, la désertion a toujours été en augmentant, etc. En voilà assez pour vous faire entrevoir l'utilité de mon petit abrégé, que je n'eusse pas soupçonné devoir s'étendre jusque-là.

Je vous dirai encore, car je n'ai rien à vous cacher, que j'ai recueilli sur le mouvement de la terre des observations, et que j'en ai formé un système si hardi, si neuf et si spécieux, que je n'ose le communiquer à personne. Je le laisse dormir en paix, car je me défie de ma solitude où l'on peut, sans s'en douter, se familiariser avec les idées les plus absurdes.

Vous pouvez voir par-là que je m'accroche à tout, et que je laisse flotter çà et là des fils comme l'araignée, jusqu'à ce que je puisse ourdir ma toile.

Je ne vous dissimulerai pas cependant que je n'aie été vivement affecté de l'indifférence froide de M. Durand qui, avant de partir pour l'Angleterre, me conseille d'aller vivre dans mon patrimoine, lui en qui j'avais mis toutes mes espérances, à qui je n'ai rien caché de mes affaires, et sur le crédit duquel j'ai sacrifié un an si inutilement. D'ailleurs, je ne lui reproche que son stoïcisme, qu'on doit, ce me semble, garder pour soi uniquement.

Cette espèce d'abandon universel de protection, d'espérances, ce projet si long-temps conduit et si rapidement renversé, tout cela m'a donné une petite maladie d'ennui ou de déplaisir qui m'a retenu neuf jours au lit. C'était une affection sur la poitrine avec une fièvre continue. Je me suis guéri de tout cela sans médecin. La nature s'est tirée elle-même d'affaire, parce que personne ne l'a interrompue.

Il y a quelques jours que, sortant pour la première fois, et m'étant amusé à lire la Gazette de France, je fus fort surpris d'y voir le nom de M. le baron de Breteuil, que je croyais en Suède. Je n'eus rien de si pressé que d'aller chez lui, car je me rappelais l'amitié qu'il m'avait témoignée en Russie.

J'ai eu le plaisir de voir qu'elle n'était pas diminuée. Je lui ai conté tout ce que j'ai fait ici. Il m'a offert de parler à M. de Praslin, et m'a assuré, avec le témoignage de l'intérêt le plus vif, qu'il mettrait à me servir toute la chaleur que je lui connaissais. Il m'a dit d'aller voir de sa part M. de Sainte-Foy. Mais en vérité, c'est un oiseau, il n'est pas possible de le joindre. Je lui ai écrit une lettre après avoir été chez lui bien des fois. M. de Breteuil m'a dit qu'il comptait finir mon affaire dans le voyage de Compiègne, qu'il avait pour parent et pour ami le gouverneur de la Martinique.

Je lui ai parlé de vous, et j'ai eu le plaisir de voir qu'il vous estimait autant que vous le méritez. Il ne sait pas pourtant toutes les obligations que je vous ai, car notre conversation fut interrompue par des visites.

Une seule chose m'affligeait pendant ma maladie : c'était, en supposant le dernier événement, de partir d'ici sans avoir pu donner à trois ou quatre personnes des témoignages de ma reconnaissance. J'avais donc disposé de tout ce qui m'environne, et vous réservais toutes mes paperasses si vaines et si inutiles. Vous eussiez ri de tant d'idées éparpillées, comme les feuilles de la sibylle. Laissez-moi encore lécher mon ours. Le temps qui mûrit ma raison en rendra les fruits plus dignes de vous. Peut-être même la fortune ne me sera pas toujours contraire, et j'augure beaucoup de M. de Breteuil. Conservez-moi votre amitié, et soyez persuadé que je n'ai rien tant à cœur que de vous donner des preuves de la mienne.

Je suis avec toute la reconnaissance et l'estime possible, Monsieur et cher ami,

Votre, etc.

DE SAINT-PIERRE.

A Paris, le 9 juillet 1767.

A l'hôtel du Petit-Luxembourg, rue de Tournon.

Que ne suis-je encore en Pologne pour prendre ma revanche! J'ai prédit, il y a près de quatre mois, que le roi Stanislas aurait le sort du dernier duc de Lorraine; mais sa chute ne sera pas si heureuse. Que de sujets de réflexion pour ceux qui ne regardent la vie que comme une comédie!

Je finirai ma lettre par une belle pensée d'Euripide. Il faut bien vous dédommager de mon verbiage.

« Les Dieux, dit-il, se jouent de la prévoyance des hommes, et trompent également leurs espérances et leurs craintes. Ils arrêtent des événemens que tout le monde attendait, ouvrent des passages et des chemins inconnus, et font réussir des desseins en apparence impossibles. »

Le prince Radjivil devrait faire graver en lettres d'or cet aphorisme sur le frontispice de son palais.

N° 30.

RÉPONSE DE MONSIEUR HENNIN.

A Genève, le 30 août 1767.

Vous m'avez affligé véritablement, Monsieur et très-cher ami, par le récit de vos disgrâces. Je n'y conçois rien. M. Durand était à portée de vous rendre service, et vous connaissez plus de gens qu'il n'en faut pour trouver quelque débouché.

J'espère quelque chose de votre Mémoire sur la désertion. M. le duc de Choiseul a, à ce qu'on m'assure, cet objet fort à cœur, et c'est une chose qui lui méritera la reconnaissance de tous les hommes sensibles et de tous les bons Français. Je suis plus à portée que personne de voir combien de sujets le Roi perd tous les jours. Il y aurait bien un moyen fort simple pour prévenir ce malheur, ce-serait de rendre l'état de soldat meilleur à proportion de ses années de service; mais nous ne sommes pas assez riches pour adopter ce moyen.

Faites toujours paraître votre système sur le mouvement de la terre sans y mettre votre nom. Vous sonderez le sentiment des savans, et si l'on vous bat avec de trop fortes armes, vous garderez l'incognito. A propos de systèmes, connaissez-vous celui du Père Boscowitz? je vous assure qu'après sa courbe on peut tout produire avec de l'esprit et un peu de géométrie.

Si vous étiez fixé et heureux, je vous dirais: Ne faites qu'une seule chose; mais le malheur veut des diversions, et la variété de vos occupations est précieuse dans ce moment.

Je suis très-aise que vous ayez rejoint M. le baron de Breteuil; si celui-là ne vous sert pas de bonne foi et avec chaleur, il me trompera fort. C'est un des hommes dont je fais le plus de cas. Attachez-vous à lui. Dans le cours des probabilités, il doit marcher d'un pas lent mais assuré aux premières places. S'il pouvait vous mener avec lui en Hollande, vous lui deviendriez utile, et qui sait si la fortune ne vous attend pas dans ce magnifique bourbier.

Je n'aime point vos idées noires, mais je vous les pardonne; quant à ce dont vous me parlez, je vous assure que je voudrais que vous fussiez en état de le mettre sur une carte. Donnez-moi, je vous prie, de vos nouvelles, particulièrement si elles sont telles que je l'espère.

Je vis ici occupé de détails assez plats ; la retraite que j'avais cherchée se change en un bois d'épines, dont je ne me tire sans écorchure qu'en allant doucement et avec précaution. Ce qui me fâche le plus, c'est qu'accoutumé à l'aisance, j'aurai peine à en jouir ici. Mon traitement n'est nullement calculé sur le pays que j'habite; et, si j'avais dix ans de moins, je serais bientôt réduit au sort de mes prédécesseurs qui sont morts insolvables. Mais un peu d'expérience me rendra sage, et si on ne veut pas me mettre à portée de vivre ici décemment, je demanderai pour première grâce la liberté d'aller vivoter à Paris. Triste salaire de vingt ans de travaux, mais dont un peu de philosophie peut consoler; de tous ceux qui ont suivi la même carrière que moi depuis la paix d'Aix-la-Chapelle, je suis presque le plus mal traité, et il y en a qui ont fendu les nues. Grand bien leur fasse! je souhaite qu'ils soient aussi contens dans leur opulence que moi dans ma médiocrité.

Adieu, mon cher ami; je ne puis vous dire à quel point je souhaite de vous voir hors du labyrinthe où vous êtes. La fortune m'a mis hors de la sphère de ceux qui peuvent, d'un mot, faire le sort d'un homme de mérite, et c'est, je vous assure, tout ce que je lui reproche.

Je vous embrasse, et vous prie de me regarder toujours comme le plus sincère et le plus constant de vos amis.

Hennin.

N° 31.

A MONSIEUR HENNIN.

Monsieur et cher ami,

Je me hâte de vous mander que je suis enfin placé à l'Ile-de-France, en qualité de capitaine-ingénieur du Roi. Mes appointemens sont de cent louis par an. Mon départ de Paris est fixé à la fin du mois, et de Lorient dans le cours de décembre.

Ne différez donc pas de me répondre sur-le-champ par la voie des bureaux, afin que votre lettre me parvienne partout où je pourrai être.

C'est à M. le baron de Breteuil que je suis

redevable du succès de cette affaire, dont le terme paraissait s'éloigner de plus en plus. Il a mis dans cette sollicitation une ardeur sans laquelle rien n'eût réussi. Il y a joint des témoignages d'amitié qui me pénètrent de reconnaissance et d'attachement. Il m'a procuré des facilités sans lesquelles il m'eût été difficile de compléter mon équipage ; enfin il m'a présenté à M. le duc de Praslin qui m'a fait l'accueil le plus gracieux.

Il doit me procurer des lettres pour le commandant de l'Ile-de-France. Je vous prie, mon cher ami, si vous avez quelques relations dans ces pays-là, de les joindre aux siennes. Si, avant mon départ de Lorient, où je vous prie de m'adresser vos lettres sans retard, vous pouviez me faire trouver quelque crédit, je pourrais m'acquitter aisément de ma dette envers vous. On me passe un bagage de deux mille pesans, et, faute d'argent, je ne pourrai profiter de cet avantage.

Si cela ne se peut, ne me refusez pas du moins la satisfaction de recevoir de vos nouvelles.

J'écris à tous mes amis pour leur faire mes adieux ; c'est un grand déplaisir de partir sans recevoir de réponse de la plupart. J'en ai en Russie, en Pologne, en Saxe, en Prusse. Quand les reverrai-je? où en trouver de semblables? il n'y en a point à qui je n'aie quelque grande obligation, et qui ne soit à quelque égard digne d'une estime universelle.

Je ne manquerai pas avant mon départ d'aller saluer M. le comte de Broglie et M. de Sainte-Foy, s'il m'est possible de le joindre.

J'ai été voir ici la princesse Strasnik chez laquelle j'ai dîné. Elle vient d'accoucher d'une petite princesse.

N'oubliez pas, lorsque vous m'écrirez aux Indes, de me marquer ce qui se passe en Pologne; dans le pays que j'habiterai les gazettes sont rares. Le jeu qui se passe en Pologne m'intéresse, j'en voudrais bien voir la fin. Il ressemble au jeu d'échecs où un pion peut faire échec au roi.

En revanche de la bonne correspondance que vous me tiendrez, je vous préparerai un journal de mon voyage. J'y mettrai comme dans un sac tout ce qui me tombera sous la main, et quand vous l'aurez lu et approuvé, vous en disposerez à votre plaisir.

Adieu, mon cher ami, le temps et les expressions me manquent à la fois; visites à faire, équipage à former, amis qu'on quitte : tout cela se croise et me laisse à peine le temps de mettre un peu d'ordre par-ci par-là. Pour peu que j'aie de loisir à Lorient, je vous écrirai sous l'enveloppe de M. Moreau, et remettrai votre lettre à quelque commissaire de la marine.

Votre sincère ami,

DE SAINT-PIERRE.

Mon adresse est à M. D. S.-P., capitaine-ingénieur du Roi à l'Ile-de-France.

A Paris, ce 20 novembre 1767.

N° 32.

RÉPONSE DE MONSIEUR HENNIN.

A Genève, le 27 novembre 1767.

Avec quelle satisfaction, mon cher chevalier, n'ai-je pas appris qu'enfin vous sortiez de l'état d'incertitude où vous étiez depuis tant de temps! Vous voilà dans une place convenable qui peut devenir avantageuse. Le pays que vous allez habiter passe pour aussi bon qu'il est beau. Vous ne serez qu'à un pas de l'île de Bourbon, dont j'ai entendu célébrer les agrémens par beaucoup de personnes. J'espère que j'aurai par vous la confirmation de tout ce que nous disent les voyageurs de ces riantes contrées. Ne me laissez pas ignorer, je vous prie, votre sort, vos occupations, vos espérances.

Si j'étais à Paris, je ferais tout mon possible pour vous procurer les moyens que vous désirez pour profiter de ce qu'on vous laisse de place dans le vaisseau, mais d'ici je ne suis pas en état de le faire. On m'a donné comme récompense une place ruineuse, et j'ignore même si je ne serai pas dans l'impossibilité d'y rester, vu la disproportion entre mon revenu et les dépenses auxquelles je suis astreint.

Vous ne me parlez point de vos papiers et Mémoires. Emportez-vous tout cela dans votre île, et que comptez-vous en faire? S'il y avait eu quelque avantage ou quelque honneur à retirer de vos collections, je m'en serais chargé avec plaisir.

Vous ferez très-bien de voir à votre départ toutes les personnes dont vous me parlez; on ne saurait trop conserver de liaisons avec la métropole quand on s'en éloigne autant que vous allez le faire.

Je vous rappellerai la promesse que vous me faites pour le journal de votre voyage. Quoique les pays que vous allez voir soient très-fréquentés, il nous manque encore bien des détails curieux qui ont été négligés; mais ce qui manque le plus c'est l'ordre dans les relations, et je suis bien sûr que les vôtres ne seront pas dénuées de cet avantage.

Adieu donc, mon cher chevalier; ne me laissez pas trop languir après vos lettres; j'espère d'ici à un an jouir de plus de tranquillité que je n'ai fait jusqu'à présent, et pouvoir, quand je vous écrirai, entrer dans quelques détails intéressans sur ce qui se passera dans notre Europe. Je vous embrasse bien tendrement, et souhaite que vous trouviez par-delà la ligne tout ce qui pourra vous assurer un sort agréable dans votre patrie, à laquelle, sans doute, vous ne renoncez pas. Vous connaissez les sentimens avec lesquels je suis pour la vie votre sincère ami.

Hennin,

N° 33.

✳

A MONSIEUR HENNIN.

J'ai trouvé, mon cher ami, votre lettre à mon arrivée à Lorient. J'ai différé d'y répondre, afin de ne rien laisser à vous mander. Nous partons demain, les vents sont favorables. Je suis pénétré de votre amitié que l'absence et vos occupations n'altèrent point. Vous faites en vérité trop d'honneur à mes Mémoires; un jour je les rendrai plus intéressans et plus dignes de vous lorsque vous les aurez corrigés. Si la mort me prévenait, j'en ai disposé par testament : une partie au baron de Breteuil, à qui je n'ai pu les refuser; le reste à vous, et, en vérité, c'est agir de ma part avec confiance. Je ne connais pas trois personnes à qui je voulusse montrer mes brouillons. Si je prétendais à leur estime, il y a de quoi me juger fou.

Parlons de mon voyage dont je ferai le journal. Nous avons pour principal passager un colonel, M. de Modave, qui a tout l'esprit qu'on peut avoir; je le crois chargé d'un commandement. Un de mes amis, M. de La Marche, passe avec lui. Vous l'avez pu voir en Pologne.

Notre vaisseau, le marquis de Castries, est de sept cents tonneaux, ce qui fait une assez belle coquille. On m'a fait une petite chambre où je couche avec mon chien, c'est un ami de deux ans et un ami fidèle.

Mon cher ami, on tire le canon du départ. Je me hâte de finir ma lettre. Donnez-moi souvent de vos nouvelles par la voie des bureaux. Adieu, je vous embrasse de tout mon cœur.

Je suis pour la vie votre bon ami.

DE SAINT-PIERRE.

A Lorient, ce 18 février 1768.

N 34.

✽

A MONSIEUR HENNIN.

Monsieur et cher ami,

Je me hâte de vous rendre compte des principaux événemens de mon voyage par le vaisseau *la Paix*, commandé par le capitaine Burlaine, qui doit partir d'ici le 4 d'août pour se rendre à Lorient.

Nous partîmes du Port-Louis le 3 mars, et le 5 du même mois nous essuyâmes, à la hauteur du cap Finistère, un coup de vent qui nous mit en danger et nous inquiéta pour l'avenir, car nous nous aperçûmes que le vaisseau gouvernait mal. Un coup de mer, qu'on ne put éviter sur le gaillard-d'avant, rompit quelques barreaux du pont, enleva la petite chaloupe, et emporta le maître d'équipage avec trois matelots ; un seul fut sauvé dans les hauts bancs où la mer le rejeta après lui avoir fracassé la main et l'épaule.

Nous eûmes les vents favorables jusqu'aux Canaries. Nous passâmes au milieu, et nous vîmes Gomère, Palme, l'île de Fer, et au loin le célèbre pic de Ténériffe, qui ressemble à un teton. Je dessinai la vue de ces îles fortunées où il n'était pas permis de descendre ; enfin, deux mois après notre départ, nous passâmes la ligne sans avoir éprouvé d'autres inconvéniens que des calmes sans chaleurs extraordinaires. Le 22 juin nous nous trouvions presque nord et sud de Madagascar, lorsque nous essuyâmes une tempête affreuse. A minuit, un coup de mer enfonça les sabords de trois fenêtres de la grande chambre, et y jeta plus de vingt barriques d'eau. A deux heures et demie du matin nous entendîmes trois coups de tonnerre à deux minutes d'intervalle ; le dernier fit le bruit d'un coup de canon de vingt-quatre tiré à portée de pistolet. Aussitôt nous sentîmes dans la grande chambre une forte odeur de soufre. Je montai en haut où l'on venait d'appeler tout l'équipage. Le grand mât était brisé en cinq ou six endroits, le mât de perroquet avait été emporté; il ne restait plus qu'un tronçon du mât de hune qui pendait avec quelques agrès, accroché aux barres de hune. On examina partout, dans la crainte que le feu ne se fût communiqué au vaisseau, mais on n'aperçut aucune trace de noirceur ni même d'odeur dans les crevasses du grand mât où la foudre avait passé.

Le matin du 23 le vent devint si violent que le peu de voiles nécessaires pour gouverner fut emporté. Nous restâmes vingt-quatre heures en travers, à sec, balottés par une mer affreuse; le beau temps revint, et nous vînmes à bout de fortifier le grand mât. Enfin nous arrivâmes, le 14 juillet, à l'Ile-de-France, malgré le scorbut qui nous enleva neuf hommes, et mit tous les matelots, à l'exception de sept, hors de service. Les passagers et les officiers faisaient la manœuvre.

C'est une observation digne de votre humanité, de représenter à ceux à qui il appartient de réformer les abus, que la compagnie des Indes, pour épargner une relâche qui ne coûterait pas plus de mille écus, sacrifie la vie de quantité d'hommes qu'elle expose à une navigation de près de cinq mois sans aborder à aucune terre. Cette perte est si réelle qu'elle se monte, année commune, à vingt hommes par vaisseau qui meurent du scorbut, et cette année-ci le *Massiac* et *la Paix* en ont perdu plus de cent chacun, et ont, par-là, manqué leur retour en Europe.

J'ai fait un journal exact de ma navigation que je compte avoir le plaisir de vous communiquer un jour. Il paraît que l'intention de la cour était de m'employer à relever l'établissement de Madagascar; mais celui qui en est chargé en chef, et dont je vous ai parlé dans ma dernière, est un méchant homme, jaloux à l'excès, et qui a eu pour moi beaucoup de mauvaises façons. J'ai prié M. Dumas de m'employer ici, où d'ailleurs je suis attaché par ma commission.

J'ai été fort bien reçu de M. Dumas et de M. Poivre. En attendant qu'on m'emploie, je cherche à m'arranger ici où la vie est, à peu près, une fois plus coûteuse qu'à Paris. Une pension vaut cinquante écus par mois; une petite chambre sans meubles, dix écus. Je n'ai apporté ici ni pacotille ni argent; ce n'est donc qu'à force d'économie que je pourrai acquitter peu à peu mes engagemens, et surtout les derniers que j'ai contractés à Paris.

Adieu, mon cher ami; vivez heureux, et portez-vous bien; pensez quelquefois à moi, et faites-y songer ceux de mes amis que la fortune a dispersés çà et là. Je leur écris à tous, car j'ai de la peine à oublier ceux que j'ai une fois aimés; cela me jette environ dans vingt-quatre correspondances répandues dans toute l'Europe. Tout ce qui me semblera mériter quelque observation sera recueilli, afin qu'un jour mes amis puissent jouir du seul bien qui soit en ma disposition.

Adieu, je vous embrasse de tout mon cœur; ne m'oubliez pas, et soyez sûr du sincère attachement avec lequel je serai toute ma vie,

Monsieur et ami,

Votre, etc.

De Saint-Pierre.

Au Port-Louis de l'Ile-de-France, ce 3 août 1768.

Mes complimens à nos amis communs.

N° 35.

✻

A MONSIEUR HENNIN.

Mon très-cher ami,

Je profite avec empressement du vaisseau *la Boudeuse*, commandé par M. de Bougainville, pour me rappeler à votre souvenir. M. de Sainte-Foy m'avait remis pour lui une lettre qui m'a procuré sa connaissance. Je ne sais comment, en parlant de M. de Sainte-Foy, la conversation a tombé sur vous. Il m'a dit qu'il était beaucoup de vos amis, que vous aviez étudié ensemble, et m'a parlé de vos talens pour les affaires, enfin il m'a paru qu'il vous était aussi attaché que moi; je vous en félicite. Cet officier revient à Paris couvert de gloire : il a découvert dans la mer du Sud des terres plus grandes que l'Europe, une île de quatre cents lieues de longueur, une autre très-peuplée où aucun vaisseau n'est abordé. Cette île, appelée Taïti par les naturels, a été surnommée l'île de Cythère par les Français. Les femmes y sont charmantes et adorées. Les habitans vivent en commun sans faire la guerre à personne; ils ne connaissent point le fer : leurs haches sont de pierre, leurs flèches sont émoussées. Les bonnes gens se croyaient seuls dans l'univers. On y a trouvé la ..... universellement répandue ; ainsi voilà une misère de moins que leur vaudra la connaissance des Européens.

J'ai dîné avec un Cupidon de cette terre australe que l'on a embarqué de son consentement ; il est laid, mulâtre, portant barbe, les cheveux noirs et rudes comme du crin. Il pleure quelquefois, et paraît regretter fort sa patrie dont chaque jour va l'éloigner.

Enfin, M. de Bougainville publiera sans doute ses découvertes. Jusqu'ici on garde un grand secret sur la position de cette île ; je ne vous en dirai donc pas davantage.

On attend ici avec empressement les secours d'hommes et d'argent promis par la cour à la colonie. Il n'y a aucune fortification respectable, et il me semble qu'on a trop compté sur la défense naturelle de l'île.

Je rassemble des observations de toute espèce pour charmer ma solitude et mon loisir. Ce malheureux pays, éloigné de tout commerce, est divisé par la discorde des chefs; il n'y a point de société, tout le monde y est pauvre et accablé de dettes; les vivres y sont très-chers : le bœuf vaut dix-huit sous la livre, le pain six sous; jugez de ce qu'on peut faire avec cent louis d'appointemens, et pour quatorze cents livres de dettes à payer dans la première année.

J'espère cependant faire honneur à mes affaires; mais il ne faut songer ni à la fortune, ni à quelque projet utile à la colonie, faute de moyens pour les exécuter.

Si vous trouvez l'occasion de me faire passer les gazettes, vous me ferez un présent fort agréable, car on vit ici dans une ignorance absolue des affaires publiques.

Je vous prie de me faire adresser vos lettres par la voie des bureaux ou de la compagnie des Indes, car je n'ai personne chargé à Lorient de les retirer de la poste.

Adieu, mon cher ami, portez-vous bien, et croyez que rien ne peut m'être plus agréable que de recevoir souvent de vos nouvelles.

Je suis pour toujours votre sincère ami.

De Saint-Pierre.

Vous me ferez le plaisir de me parler de la princesse M.... et de la Pologne. Numérotez, s'il vous plaît, les lettres que vous m'écrirez.

P. S. Le *Massiac* vient d'arriver avec un nouveau commandant. On nous annonce le chevalier Desroches pour gouverneur général. Je ne sais si toutes ces révolutions me seront favorables. Je ne m'étends pas beaucoup à cause du nombre considérable de lettres que j'ai à écrire.

Au Port-Louis de l'Ile-de-France, ce 6 décembre 1768.

N° 36.

A MONSIEUR HENNIN.

Monsieur et cher ami,

Depuis mon arrivée dans ce pays, je n'ai reçu aucune nouvelle de l'Europe. Voilà cependant la troisième lettre que je vous écris. Il y a de quoi perdre patience. Il n'y a pas ici de quoi se dédommager. Il n'y a point de société parce qu'on y est pauvre, intéressé et méfiant; il n'y a point de promenade, faute d'arbres; on ne peut s'occuper de sa fortune faute d'argent, ni de cette brillante vapeur qu'on appelle la gloire, parce que tout le monde cherche à ramasser quelques piastres pour aller vite les dépenser à Paris.

Je n'exagèrerai pas quand je vous dirai que jamais je ne me suis trouvé si à l'étroit. Il est vrai que j'acquitte cette année mes dettes contractées avec les marchands de M. le baron de Breteuil. Ainsi à la porte des Indes on peut être fort loin de la fortune.

On attend ici avec impatience M. le chevalier Desroches, notre nouveau gouverneur. J'espère lui être recommandé par M. le baron de Breteuil qui m'avait fait faire sa connaissance à Paris. Tout le monde se flatte qu'il nous amène l'abondance.

Vous aurez su sans doute qu'on avait tenté de rétablir le fort Dauphin à Madagascar. Ma bonne fortune a voulu que le commandant m'ait retenu ici. Voici ce qui vient de s'y passer.

M. de Modave est parti d'ici pour Madagascar au mois de septembre avec cinquante soldats de la légion ; les officiers et les volontaires qu'il avait amenés d'Europe et quelques artisans. Cette petite troupe pouvait être de quatre-vingts personnes.

A son arrivée au fort Dauphin il en trouva les peuples voisins en guerre, suivant leur ancien usage. Ces guerres consistent dans des courses où ils tâchent d'enlever les habitans des villages ennemis, qu'ils viennent vendre ensuite à un chef de traite français pour des fusils et de la poudre.

Cette disposition d'esprit de ces peuples fripons et paresseux ne s'accordait pas trop avec les projets d'agriculture et de commerce dont M. de Modave les croyait capables. Il jugea convenable de faire alliance avec un des principaux chefs, qui venait de dépouiller son père. Cette alliance et cette paix se conclut au moyen de quelques bouteilles d'eau-de-vie. On donna à M. de Modave par-dessus le marché douze lieues de terrain aux environs du fort Dauphin.

Après cette donation, M. de Modave, qui n'en était pas plus riche, jugea à propos de faire un détachement pour reconnaître au nord les peuples voisins de la mer. Il paraît que le but de M. de Modave était d'établir en même temps une communication jusqu'à Foule-Pointe où est notre second établissement. M. de La Marche de Courmont, qui m'a quelquefois parlé de vous et que j'avais vu en Pologne, fut destiné à reconnaître à la tête de quinze personnes le territoire d'Amboule, et à remonter jusqu'à Mananzary, à soixante-dix lieues du fort Dauphin et un peu plus d'à moitié chemin de Foule-Pointe.

On les expédia avec des vivres, des munitions et quelques noirs pour les servir; pendant cet intervalle le vaisseau qui avait apporté madame de Modave retourna à l'Ile-de-France solliciter de nouveaux secours. On détacha le vaisseau du roi *l'Ambulante* qui conduisit au fort Dauphin madame de Modave, quelques volontaires, un renfort de vingt-cinq soldats et de nouvelles provisions.

Ce vaisseau arriva dans le mois de novembre. On venait d'apprendre que le sieur de La Marche était resté à trente lieues de-là; les vivres étaient consommés, une partie de sa troupe était malade, il était d'ailleurs survenu plusieurs altercations; quelques volontaires récusaient l'autorité du sieur de La Marche, qui n'était revêtu par la cour d'aucun emploi. On avait été sur le point d'en venir aux mains avec les noirs qu'on ne ménageait pas assez.

Le sieur de La Marche écrivit sa situation à M. de Modave qui détacha quelques personnes pour leur porter des vivres et se joindre à eux. Ils revenaient déjà sur leurs pas. La plupart étaient attaqués de la même maladie ; c'était une fièvre qui durait quatre à cinq jours avec de petits redoublemens vifs, ensuite succédaient quatre à cinq jours de repos, puis la fièvre recommençait et enlevait ordinairement le malade le douzième jour.

De quinze personnes qui composaient ce petit détachement, il en est mort onze, parmi lesquelles on compte le sieur de La Marche, le sieur de La Colonesie, officier de la légion, MM. de La Richardie et Fitgeac, volontaires, un chirurgien.... Le mal s'est communiqué à ceux qui ont été au-devant d'eux et de-là s'est répandu dans le fort.

Lorsque le vaisseau *l'Ambulante* a mis à la voile au mois de décembre pour revenir ici, on comptait cinq personnes de mortes dans l'état-major, cinq autres mourantes, vingt soldats de morts, autant de malades. Ce malheur, arrivé au milieu de la mauvaise saison, faisait craindre pour cette petite troupe de cent personnes environ et déjà réduite aux trois quarts.

On venait d'apprendre de Foule-Pointe où depuis un an nous avons un poste de trente-deux soldats, qu'ils étaient mourans. On a détaché un petit vaisseau pour les ramener s'il en est temps encore.

Quant à M. de Modave, il demande de nouveaux secours en hommes et en vivres, mais la saison orageuse où nous sommes, les besoins de cette colonie et la prudence ne permettent pas de rien faire pour eux avant le mois d'avril. Au reste, le chevalier Desroches qu'on attend incessamment décidera s'il est utile de poursuivre un établissement qui de tout temps a été le tombeau des Français.

Si l'on m'eût envoyé avec M. de Modave, il est probable que j'aurais été de ce détachement, il y a onze à parier contre quatre que j'y serais resté. Pour vous compléter mes nouvelles, vous saurez que les Anglais sont toujours en guerre dans l'Inde avec les Marattes. Nos affaires n'en prospèrent pas mieux, on dit que tout manque à Pondichéry. Le vaisseau le *Petit-Choiseul* a péri à l'embouchure du Gange; on a sauvé les hommes et les effets.

Je compte qu'en reconnaissance des nouvelles dont je vous fais part, vous m'instruirez de ce qui se passe en Europe. Vous n'oublierez pas la Pologne où j'ai eu la première fois le bonheur de faire votre connaissance.

Adieu, mon cher ami, je vous embrasse et suis avec une constante amitié,

Votre, etc.

DE SAINT-PIERRE.

Au Port-Louis de l'Ile-de-France, ce 22 janvier 1769.

N° 37.

RÉPONSE DE MONSIEUR HENNIN.

A Genève, le 16 juin 1769.

Quand on est aussi éloigné l'un de l'autre que nous le sommes, Monsieur et cher ami, du moins devrait-on s'écrire par toutes les occasions qui se présentent. Je vous donne cependant le mauvais exemple de la plus grande inexactitude. Vous me le pardonneriez si vous saviez dans quelle agitation j'ai vécu à Paris cet hiver. J'y étais allé pour différentes affaires qui n'ont pas toutes également réussi, mais je suis parvenu à faire bonifier mon état, et dans un ou deux ans je me trouverai fort à mon aise. Le ministre m'a témoigné beaucoup de bontés. Comme je ne demande qu'à servir paisiblement le Roi dans ma résidence suisse, je ne prévois pas que rien puisse changer ces favorables dispositions. Moins de devoirs, moins d'occasions de déplaire. J'ai trouvé un port après bien des orages, je m'y fixe, et j'espère m'y trouver toujours bien.

Vous n'en êtes pas encore au même point, mais vous servez votre patrie, et dans les contrées où elle vous emploie, il y a des exemples que ce qui paraît d'abord peu avantageux devient le chemin de la fortune. Sage et instruit comme vous l'êtes, j'espère que vous trouverez mille occasions de travailler à votre réputation et à votre bien-être; surtout ne dites point comme vous avez fait jusqu'ici : J'écrirai, je publierai; écrivez, publiez et rapportez-vous-en à vos amis pour faire valoir vos ouvrages.

Si vous pouvez m'envoyer des dessins des pays que vous habitez, vous me ferez le plus grand plaisir. Je forme un atlas qui est déjà un des plus beaux qui existent ; il renferme les cartes, plans, vues, monumens et habillemens de toute la terre autant que j'ai pu les recueillir.

Je ferai usage, ou plutôt je l'ai déjà fait, de votre remarque sur la nécessité d'une relâche pour les vaisseaux qui vont à l'Ile-de-France. Il doit y avoir de si grands changemens dans cette partie, qu'il faut espérer qu'on pensera aux inconvéniens qui résultent de l'usage dont votre équipage et ceux du Massiac et de la Paix ont fait la triste épreuve. Mais vous savez ce que peut chez nous la voix d'un particulier qui ne veut rien imprimer, et qui n'approche des ministres que pour leur parler de sa partie; quoi qu'il en soit, ceux qui nous gouvernent veulent le bien, et quand l'intérêt particulier ne ferme pas l'accès à la vérité, elle est sûre de se faire entendre. Ici c'est une faute d'administration mercantile qu'un mot peut réformer, et que personne n'est directement intéressé à soutenir : ainsi on peut se flatter d'être écouté.

Votre journal me fera très-grand plaisir, et si vous avez du loisir, je vous prie de me l'envoyer, ainsi que vos remarques sur le pays que vous habitez; tôt ou tard j'en ferai usage; et vous pouvez être sûr d'en recueillir l'honneur.

J'ai vu M. de Bougainville [1] et son Otaïtien. Ce voyage, dont il m'a fait l'amitié de me confier la relation, est assurément un des plus curieux qui se soient faits.

Ce que vous me dites de la cherté des vivres où vous êtes m'étonne, le territoire de votre île passe pour fertile : quant au bœuf, je crois que passé le Cap on n'en devrait jamais manger. Examinez cette question avec vos docteurs si vous en avez, et prêchez d'exemple en prenant des nourritures moins alcalines.

Personne n'est moins à portée que moi de vous envoyer des nouvelles et surtout les gazettes qu'il faudrait faire traverser toute la France pour qu'elles parvinssent à Lorient. Je vais écrire à un ami à Paris qui vous en rassemblera et vous les fera passer par quelques occasions.

La princesse M.... était partie de Paris peu de jours avant que j'y arrivasse ; je la crois à Teschen avec beaucoup de grands seigneurs

---

[1] Ce sont les Français qui ont découvert Otaïti, et ce sont les Anglais qui en ont recueilli toute la gloire, par les voyages de Cook.

qui se sont dérobés au malheur de la Pologne. Vous savez sans doute la grande scène qui va s'ouvrir ou qui l'est déjà, je veux parler de la guerre entre le Turc et la Russie ; elle ne va pas tarder à être dans toute sa force. Le prince Gallitzin, qui commande une des armées russes, a passé le Niester près de Choczim, dans le dessein de prendre cette place. Les lettres de Vienne disent, d'après une relation envoyée par le général autrichien qui commande en Transylvanie, que les Turcs ont attaqué l'armée russe, l'ont défaite, en ont enveloppé un corps considérable et que le reste a repassé le Niester. Les Russes et leurs amis disent qu'ils n'ont pu prendre Choczim, et se sont retirés parce qu'il n'y avait pas de vivres dans le pays.

Le roi de Pologne a déjà pensé être enlevé par les confédérés qui parcourent la Pologne sous différens chefs sans ordre et sans objet bien déterminé, mais qui cependant commencent à ne pas craindre les troupes russes dont ils ont défait quelques petits corps. Vous n'imaginez pas la confusion où est ce pauvre royaume. Une partie de la nation veut détrôner Stanislas Auguste, et si les Russes sont battus, j'ai peine à croire qu'il puisse se soutenir. Il n'a pas tenu ce qu'il promettait; depuis qu'il est sur le trône, sa conduite publique et particulière, les entours qu'il s'est donnés, les principes qu'il a manifestés, n'ont que trop prouvé cette observation :

Tel brille au second rang qui s'éclipse au premier.

Vous pourriez revoir à Paris M. de Mercy qui y est ambassadeur; j'y ai retrouvé Van-Suiten et d'autres personnes de notre connaissance, chacune se disposant à prendre diverses routes. Il me passe de temps en temps quelques Polonais avec lesquels je refais un cours de Varsovie. Ce pays est si fort changé à tous égards que je cesse de le regretter.

Je vous prie de songer à mon cabinet. Ne pourriez-vous pas m'avoir une suite des monnaies du Mogol et de tous les royaumes de l'Inde; quelques dessins d'habillemens de ces pays et d'Afrique; des coquilles de vos côtes, choisies et en petite quantité ? Je ramasse en tous genres, et suis déjà assez riche en quelques-uns ; mais vous savez qu'heureusement les collections n'ont point de bornes, sans quoi elles cesseraient d'intéresser.

Adieu, mon cher ami, donnez-moi de vos nouvelles. Dans le loisir dont je jouis ici, je pourrai vous être plus utile que bien d'autres, et je m'en occuperai dès que je serai sûr que mes lettres vous parviendront. Je vous embrasse, et vous prie d'être sûr que rien n'altérera les sentimens que je vous ai voués.

Hennin.

N° 38.

✱

A MONSIEUR HENNIN.

Je ne sais, Monsieur et cher ami, si cette lettre vous parviendra; je n'ai encore reçu aucune réponse aux miennes. Je désire avec ardeur de retourner en France; il n'y a rien ici qui puisse flatter l'ambition ou la fortune.

Je suis bien las de courir le monde, je ne désire plus qu'une retraite; vous qui vivez dans une république, n'y aurait-il pas dans votre voisinage quelque famille simple et honnête où un honnête homme pût trouver à s'établir. O liberté! ô champs! séjour de paix et de félicité; la faveur des rois ne vaut pas le bonheur de vivre libre au milieu d'un voisinage d'hommes francs et vivant suivant les lois de la nature.

Tout ici est dépravé ! Si vous voyiez la condition des malheureux noirs ! si vous saviez ce que c'est que d'être deux ans sans recevoir de réponse de ses amis, de traverser quatre ou cinq mille lieues de mer, et, au bout de tout cela, d'habiter une île pauvre où toutes les passions fermentent, où l'on n'est payé qu'avec du papier, etc., etc. Que les hommes sont fous ! Ne valait-il pas mieux que j'employasse le crédit du baron de Breteuil à m'obtenir en France quelque emploi honnête? ne valait-il pas mieux se jeter au fond d'une campagne, sur la terre d'un bon et simple paysan dont j'aurais épousé la fille? J'aurais trouvé des amis, des vertus, de la liberté, un peu d'aisance, et l'espoir d'accroître ma fortune, biens qu'on ne trouve point ici.

Je reçois par le vaisseau *le Jason* votre première lettre, datée du 16 juin, qui me comble de joie et de peine. Vous jugez bien du plaisir que me donnent vos nouvelles, mais vous avez sur mon état, mes vues et mes espérances, des idées qui me désolent.

Imaginez-vous que je suis plus loin des Indes

que vous ne l'êtes à Genève. Vous ne savez peut-être pas qu'on nous paie avec du papier qui rend tout ce qui vient de ces pays plus cher qu'à Paris. Jugez où je pourrais trouver des monnaies du Mogol, je n'ai pas manié un écu depuis un an. Les noirs s'habillent ici d'une chemise et d'un caleçon, la plupart sont nus; quant aux plans de ce pays, je suis occupé du soin de faire raccommoder les bâtimens civils, voilà ma fonction. Quant aux désagrémens de mon état, je renonce pour la vie à être ingénieur des colonies; il est plus honnête d'être maître maçon à Paris. Je ne vous fatiguerai point de mes inquiétudes ni de mes chagrins que je supporte avec l'espérance de les voir finir en retournant en Europe.

Les collections d'histoire naturelle coûtent ici beaucoup. J'ai quêté çà et là quelques mauvaises coquilles que je partagerai de bon cœur avec vous. Figurez-vous, mon ami, qu'un homme sans argent est, pour ce pays, un corps sans ame.

Mon intention est de faire un ouvrage sur l'Ile-de-France; j'y travaille, et j'espère qu'il me vaudra, par le crédit de mes patrons, une récompense du ministre à mon retour.

N'est-il pas accablant de ne pas recevoir une lettre du baron de Breteuil? Je vois souvent M. Poivre que j'aime et que j'estime de tout mon cœur.

La guerre désole donc cette pauvre Pologne? Vanité des vanités, le roi de Pologne ne serait-il pas plus heureux d'être un simple particulier!

Je me hâte de finir ma lettre, un vaisseau va partir, et les occasions sont rares. Conservez-moi mes anciens amis, donnez-moi souvent de vos nouvelles, et croyez que je suis avec un vrai attachement,

Votre serviteur et ami,

DE SAINT-PIERRE.

Au Port-Louis de l'Ile-de-France, le 18 avril 1770.

Assurez de mes respects madame la princesse M...., si vous lui écrivez.

N° 39.

✻

A MONSIEUR HENNIN.

Je viens d'arriver, Monsieur et cher ami, en bonne santé, sept mois après mon départ de l'Ile-de-France. J'ai trouvé à mon arrivée à Lorient deux banquiers qui m'ont offert chacun en particulier l'argent dont je pourrais avoir besoin; c'était de la part du baron de Breteuil. Comme j'ai recouvré quelque argent qui m'était dû et que d'ailleurs mes effets étaient venus me rejoindre au Cap, je n'ai point fait usage de cette bienveillance de mon patron.

On m'a fait faire ici beaucoup de visites, joignez-y beaucoup de courses, de lettres, de commissions. Paris ne m'offre que du bruit, la société de ce pays me déplaît, et je n'y trouve guère les hommes meilleurs qu'au-delà de la ligne. Je tâche de jouir de ce moment de calme que la fortune semble me donner, et si je pouvais en jouir à la campagne il me semble que je serais heureux. J'ai tout lieu de croire que mes appointemens me seront conservés quelque temps; ce qui sera pour moi un grand bonheur, car je n'ai fait aucune sorte d'affaire dans le pays ruiné d'où je sors.

J'ai rapporté quelques madrépores en assez mauvais état, des coquilles médiocres; si vous voulez que je vous réserve quelque chose, mandez-le moi, j'y joindrai le quart d'un coco marin, je n'en ai que pour des intimes. Vous savez que les Indiens attribuent à ce fruit des vertus merveilleuses.

J'ai beaucoup d'observations sur l'Inde, l'Ile-de-France, le cap de Bonne-Espérance; mais j'ai besoin de tranquillité pour les mettre en ordre.

Je vous donnerais des nouvelles de ce pays si je n'y étais parfaitement étranger. M. le duc d'Aiguillon a écrit au nom du Roi à M. le baron de Breteuil une lettre où il lui promet une des premières grandes ambassades vacantes. Le public croit que c'est celle d'Angleterre.

J'ai fait à l'Ile-de-France ce que j'ai pu pour m'y rendre utile. Lorsque mon retour a été décidé, je me suis embarqué sur *l'Indien* qui a mouillé à Bourbon pour y charger du café. L'ouragan l'a forcé d'appareiller le 3 décembre. J'ai resté à terre jusqu'au 20 sans en apprendre de nouvelles. Le 21 je me suis embarqué pour le Cap où ce vaisseau devait faire ses vivres; je suis resté quarante-cinq jours au Cap sans argent et sans effets; enfin trois jours avant que je partisse sur *la Digue* mes effets sont arrivés. Le vaisseau *l'Indien* était revenu aux îles un mois après mon départ, démâté de tous ses mâts, ayant perdu son gouvernail et ayant pensé périr. Mes malles mouillées d'eau de mer étaient au tiers pourries.

Voilà, mon ami, les principaux événemens de mon voyage. J'ai eu le bonheur de trouver des amis chez les étrangers. M. de Tolbak, gouverneur du Cap, m'a offert sa bourse et m'a fait présent d'un quartaut de vin de Constance que j'ai donné à mon patron. J'attends les événemens sans espérance et sans crainte, le témoignage de ma conscience me rassure plus que la jouissance d'une grande fortune; si j'y pouvais joindre le calme de la campagne je serais heureux.

Portez-vous bien et donnez-moi le plaisir de recevoir de vos nouvelles.

Je suis bien sincèrement,

Votre ami,

De Saint-Pierre.

J'aurais eu lieu d'espérer d'être employé aux négociations si mon patron eût conservé son ambassade. Les amis que j'ai en Pologne et en Russie auraient contribué à rendre mes services agréables, mais tous ces projets se sont évanouis comme un songe, et je n'en fais plus.

A Paris, ce 3 juillet 1771.

N° 40.

※

A MONSIEUR HENNIN.

Mon ami, je n'ai que le temps de vous mander que mes appointemens sont réduits à moitié, et que tout ce que je peux faire est de vous payer la moitié des cent ducats que je vous dois; envoyez donc mon billet à votre banquier, évaluez cette somme en monnaie de France et je l'acquitterai sur-le-champ. S'il était perdu faites une quittance générale au bas ou dans laquelle vous comprendrez l'acompte que je suis prêt à vous donner. Vous sentez que ces précautions ne sont ni pour vous ni pour moi, mais c'est l'ordre des affaires.

Dans quelques jours j'enverrai au bon laboureur une caisse de madrépores et curiosités à votre adresse.

Je voudrais bien venir à votre secours, mon ami, mais avec douze cents livres d'appointemens et sans un sol de patrimoine quel effort puis-je faire plus grand que celui-ci?

Adieu, le temps me presse, espérez de l'avenir, et croyez-moi avec une sincère amitié,

Votre ami,

De Saint-Pierre.

A Paris, ce 7 août 1771.

A l'hôtel de Bourbon, rue de la Madelaine-Saint-Honoré.

M. de Rulhière m'a dit qu'il vous écrirait au premier jour.

N° 41.

✻

A MONSIEUR HENNIN.

J'aurais bien désiré, mon ami, acquitter le billet que vous avez tiré sur moi sur l'avis que je vous en ai donné. Mais, comme je vous l'ai mandé, mes appointemens dont je devrais jouir ici en entier sont réduits de moitié, et je n'ai pu toucher dix mois qui sont échus n'y ayant point d'argent dans la caisse.

Comme mon ordonnance est expédiée, vous devez être sûr que j'acquitterai sur le premier argent que je toucherai, le billet qui est entre les mains de M. Lullin chez lequel je vous écris à la hâte. Je dois faire un voyage en province, mais je disposerai tout pour que l'acquit en soit fait si le paiement s'effectue pendant mon absence. Je suis persuadé que M. le baron de Breteuil voudra bien s'y employer. Il est absent et ne doit revenir que dans quelques jours.

Je suis avec une sincère amitié,

Monsieur et ami,

Votre, etc.

DE SAINT-PIERRE.

Dans la crainte que vous n'eussiez négocié ce billet, j'avais apporté une lettre de change que j'aurais escomptée, ce qui m'eût mis dans l'embarras.

A Paris, ce 8 août 1771.

N° 42.

A MONSIEUR HENNIN.

Enfin, mon ami, je viens de recevoir une ordonnance pour toucher six mois d'appointemens à raison de cent livres par mois. Je l'aurais incluse dans la lettre avec la quittance si cela n'eût occasioné un double port d'aller et de venir. Le paiement doit se faire à la fin du mois, peut-être faudra-t-il encore quelques recommandations. Voyez si vous voulez que je la remette à M. Lullin, et envoyez-moi une quittance de six cents livres à compte de ce que je vous dois. Il faudra, je pense, défalquer les deniers pour les invalides ; je ne sais à quoi cela se monte.

Je suis bien fâché d'avoir si long-temps différé; mais je vous donne tout ce que j'ai et je subsiste de mes économies passées. Je n'ai fait aucun commerce; il y a plus, c'est que ces mêmes appointemens ne me seront pas continués long-temps, et ne retournant point aux îles, je vais me trouver sans état et sans revenu.

Vous voyez donc bien qu'il n'y a pas de ma faute et que je fais ce qui est en mon pouvoir. Je voudrais bien vous donner des preuves plus réelles de mon amitié, il ne m'est guère possible cependant de vous en donner de plus fortes.

Je suis avec une sincère amitié,

Votre serviteur et ami,

De Saint-Pierre.

A Paris, ce 15 septembre 1771.

Adressez-moi vos lettres chez M. le baron de Breteuil.

N.º 43.

RÉPONSE DE MONSIEUR HENNIN.

A Genève, le 2 janvier 1772.

J'ai reçu Monsieur et cher ami, les cinq cents quarante-deux francs que vous avez fait remettre pour moi, je vous suis bien obligé de votre exactitude. Vous me feriez le plus grand plaisir d'achever le reste du paiement de votre billet que je vais envoyer à M. Lullin. Certainement aucun de vos créanciers n'est dans ce moment plus pauvre que moi. Je crains que les banquiers ne me refusent de l'argent, ma facilité à prêter est la principale cause de cette gêne affreuse. Faites ce que vous pourrez, je vous en prie instamment. Vous m'aviez annoncé une petite portion de curiosités naturelles; je ne l'ai pas reçue.

Apprenez-moi ce que vous vous proposez de faire, la nomination de M. le baron de Breteuil à une ambassade aussi agréable ne vous donne-t-elle pas envie de le suivre. Pour moi si j'étais libre je lui demanderais de l'accompagner, tant ce pays m'offre d'attraits; mais me voilà condamné aux montagnes, et je n'ai plus guère à espérer de revoir la bienheureuse Italie. Donnez-moi de vos nouvelles, je vous prie, et soyez persuadé du sincère et inviolable attachement que je vous ai voué pour la vie.

Hennin.

N° 44.

A MONSIEUR HENNIN.

Je viens de passer trois mois en province où j'ai reçu la lettre que vous m'avez fait l'honneur de m'écrire. Je suis charmé, mon ami, d'avoir pu m'acquitter de la moitié de ma dette. Le reste viendra quand il plaira à Dieu; j'ai fait un effort aussi grand que je l'ai pu. Ce sont mes économies. Je n'ai que douze cent livres d'appointemens. Dans six mois d'ici je vais me trouver sans état et sans revenu. On veut m'engager à retourner aux colonies, mais j'ai trop souffert pour y penser. D'ailleurs, je n'y pourrais jamais faire une fortune contraire à mes principes.

Celui qui dispose de tous les événemens y pourvoira. Je le prie de vous rendre cette année aussi heureuse que vous le méritez par toutes les qualités de votre cœur.

M. le baron de Breteuil part dans trois mois pour son ambassade de Naples. Il n'y a pas d'apparence que je l'accompagne. Je m'occupe à mettre en ordre le Mémoire de mon journal, non pas que je veuille devenir auteur, c'est une carrière trop désagréable et qui ne mène à rien, mais je fais comme ceux qui apprennent à dessiner pour tapisser leur chambre.

Je vois de temps en temps M. Rousseau et M. d'Alembert. Si vous envoyez quelqu'un à Paris faites-le passer chez moi. Il choisira dans mes madrépores les moins brisés pour vous les apporter.

Voilà toutes les preuves de reconnaissance et d'amitié que je peux vous donner. Si vous étiez ici je vous lirais mon Mémoire. Si le ministre était curieux d'avoir sur les Indes des observations de ma façon j'en ferais volontiers le voyage par terre, mais je voudrais bien être assuré d'une récompense lucrative et honorable; on regardera peut-être ce projet comme imaginaire, cependant j'ai fait seul et au milieu de nations plus barbares que les Indiens une assez longue pérégrination.

Je vous souhaite toute sorte de bonheur et suis avec une sincère amitié,

Votre, etc.

DE SAINT-PIERRE.

A Paris, ce 29 décembre 1771.

N° 45.

✻

A MONSIEUR HENNIN.

Voici enfin, Monsieur et cher ami, du fruit de mon jardin; je vous prie de le recevoir comme une marque de mon amitié et de ma reconnaissance.

Quoique vos affaires ne vous aient guère permis de me voir pendant votre séjour à Paris, je n'ai point oublié celui qui m'offrit sa bourse à Vienne et qui vint à mon secours dans un temps où ma patrie m'en refusait. J'ai fait plus que je n'ai pu en acquittant la moitié de cette somme que le ministère eût acquittée si j'avais plus de faveur. Je serai peut-être assez heureux pour payer le reste et pour avoir la joie secrète d'avoir, dans une affaire périlleuse et dans une situation très-embarrassée, servi ma patrie gratuitement. M. de Monteynard paraît disposé à me faire du bien à la sollicitation de M. de Maillebois; d'ailleurs mon livre me fait des amis; je ne vous le donne pas afin qu'il m'acquière votre amitié dont je suis sûr, mais pour qu'il me la conserve. Ce n'est pas que je craigne de la perdre, mais après la conduite d'un homme auquel j'ai renoncé pour toute ma vie, il n'y a point d'amitié sur laquelle je ne m'appuie en tremblant [1].

J'ai ouvert les yeux pour fermer mon cœur, mais si j'ai renoncé à l'amitié des grands, le souvenir de ceux qui m'ont obligé y pénétrera toujours. Ce sera dans tous les temps une pensée consolante de me rappeler que je n'ai rien à envier à ces grands si trompeurs et si faux. Quelles que soient leur élévation et mon obscurité, pourrai-je me plaindre de la Providence qui m'a donné des amis dans des circonstances où ils les perdent?

---

[1] Le baron de Breteuil.

Je suis avec attachement et reconnaissance,

Monsieur et cher ami,

Votre serviteur et ami,

De Saint-Pierre.

A Paris, ce 17 mars 1773.

Hôtel de Bourbon, rue de la Madelaine-Saint-Honoré.

Mandez-moi votre sentiment sur mon Voyage, et trouvez-moi quelque occasion pour m'épargner le port des lettres.

N° 46.

RÉPONSE DE MONSIEUR HENNIN.

A Genève, le 18 mai 1773.

Nous nous sommes cherchés inutilement, Monsieur, sur la fin de mon séjour à Paris. J'aurais cependant été bien aise de savoir de vous quelle perspective vous aviez, et d'être rassuré à cet égard. Depuis, vous m'avez bien négligé, et voici six mois que je n'ai guère pu m'occuper que de ma santé qui est très-mauvaise.

En revenant pour ainsi dire de cette longue absence, j'ai jeté les yeux sur mes anciens amis. J'ai pensé à vous; j'ai appris que vous aviez publié votre Voyage, et je vous avoue que j'ai été très-sensible à votre oubli dans cette circonstance. Avez-vous cru, Monsieur, que je m'intéressais assez peu à votre fortune et à votre réputation, pour ne pas désirer de savoir ce que vous aviez obtenu du ministère et les motifs qui vous avaient déterminé à publier un ouvrage qui sûrement, comme je vous l'avais annoncé, ne vous fera qu'honneur?

Je ne sais si je pourrai aller l'hiver prochain à Paris; aucune affaire ne m'y appelle; et, pour fuir l'âpreté de ce climat, il vaudrait mieux faire un tour dans les provinces méridionales. Donnez-moi de vos nouvelles, je vous prie, et soyez persuadé que ni le temps ni la maladie n'ont altéré les sentimens qui m'attachent à vous, et avec lesquels j'ai l'honneur d'être,

Monsieur,

Votre très-humble et très-obéissant serviteur,

Hennin.

N° 47.

✻

A MONSIEUR HENNIN.

Il m'est bien aisé, Monsieur, de vous rendre compte de ma position. Depuis six mois je n'ai plus ni état ni revenu, et j'ai même une espèce de procès avec le libraire auquel j'ai vendu mon Voyage à l'Ile-de-France, quoique je lui en aie fait un fort bon marché. J'avais l'espérance d'être placé à l'École-Militaire comme officier, lorsque M. de Croismare, qui en était gouverneur, est venu à mourir. Je n'ai donc aucune espérance.

Je ne vous ai point oublié, Monsieur, et vous le verrez par la date de la lettre qui accompagnait mon livre que je vous ai envoyé il y a bien trois mois. J'ai passé dernièrement chez M. Lullin, qui m'a dit n'avoir pu trouver d'occasion pour Genève qu'il y a quinze jours. Il l'a remis, m'a-t-il dit, à un voiturier appelé Borel. Il n'est point dans mon caractère d'oublier ceux qui m'ont obligé, quand même le temps et l'absence les refroidiraient. Si j'avais quelque souvenir à perdre, ce serait celui de ceux qui m'ont trompé; mais c'est un effort dont ma raison n'est pas capable.

Je suis bien aise d'apprendre votre convalescence avant votre maladie. La belle saison rétablira votre santé. Quant aux provinces méridionales que vous vous proposez de voir cet hiver, vous ne vous en soucierez plus dès que vous les connaîtrez. Le froid y est très-âpre, et la Provence est une terre de rochers nus où la bise règne six mois de l'année. Il me semble que l'air pur de vos montagnes et ces petits réduits de pâturages frais où l'on prépare, à ce que m'a dit Rousseau, des laitages excellens, conviendront mieux à votre convalescence.

Serait-il donc si difficile d'y trouver une retraite où je pusse sans inquiétude cultiver les lettres? Mais ai-je encore des souhaits à former?

Montrez-moi, s'il vous plaît, les endroits qui vous auront amusé davantage dans mon livre; et si vous trouvez quelque occasion de m'épargner les ports de lettre, vous me ferez plaisir.

Croyez que je suis bien sensible au renouvellement de votre amitié, et agréez, Monsieur, les assurances de la mienne.

J'ai l'honneur d'être, avec ces sentimens,

Votre, etc.

De Saint-Pierre.

À Paris, le 1er juin 1773.

Mon livre a eu un grand succès littéraire; mais voilà presque tout le fruit que j'en ai tiré.

N° 48.

✻

A MONSIEUR HENNIN.

Je suis fâché, Monsieur, que vous ne m'ayez pas fait l'honneur de venir me voir, dans la crainte de me parler de ma dette ; j'augure assez de votre bon cœur pour croire que ma position vous étant bien connue, vous m'eussiez offert votre bourse comme ami, m'en ayant autrefois aidé comme ministre. J'ai acquitté de mon nécessaire une moitié de la dette contractée, vous le savez, pour le service de la patrie, et où j'exposais gratuitement ma liberté et ma vie. Je suis bien sûr que vous n'avez pu faire payer par l'État, comme vous me l'aviez fait espérer, cette somme au fond si modique; mais que vouliez-vous que fit un homme sans revenu, sans état et sans espérance? car je compte pour rien les illusions dont on m'a amusé jusqu'ici. Le Roi vient de m'accorder une gratification de cent pistoles, sur quoi je ne suis pas seul à vivre [1]. Je travaille beaucoup; j'ai été malade ces jours-ci. Pourquoi ne me parlez-vous pas de mon Voyage, que certainement vous avez reçu; je serai bien charmé de retrouver dans vos lettres mon ancien ami; je ne peux donner à cette correspondance que mon temps, et je ne l'épargnerai pas, dès qu'elle vous sera agréable.

Je suis, avec une amitié constante,

Votre, etc.

DE SAINT-PIERRE.

A Paris, ce 13 février 1775.

Je pars au commencement de mars pour aller voir une sœur en province, que, depuis neuf ans, je n'ai pas vue.

[1] Il faisait une pension à sa sœur, et une autre à sa vieille bonne Marie Talbot.

N° 49.

A MONSIEUR HENNIN.

Je me flatte, Monsieur et ancien ami, que vous apprécierez de toute votre équité quelques demandes que je fais au ministre des affaires étrangères. Les faits sur lesquels je les fonde sont entièrement à votre connaissance; je vous ai cité comme témoin et même comme créancier.

Un ami m'a ouvert dans vos bureaux une voie qui m'a paru favorable, et m'a appris en même temps que vous étiez à la tête de ce département; ce qui me fait tout espérer dans cette circonstance.

Je ne vous rappellerai pas nos anciennes

liaisons, les souhaits formés par vous, plus d'une fois, d'être en place, et de m'être utile; les services que j'ai faits depuis, mes efforts pour m'acquitter envers vous, ne peuvent qu'avoir ajouté à l'opinion que vous aviez de moi.

Ma santé est aujourd'hui aussi mauvaise que ma fortune. J'espère donc, et je l'attends particulièrement de votre amitié, que vous ne me ferez faire à Versailles d'autre voyage que celui que je désire de faire pour vous remercier, vous embrasser et vous féliciter.

Agréez les assurances d'amitié et de respect avec lesquelles j'ai l'honneur d'être,

Monsieur,

Votre, etc.

DE SAINT-PIERRE.

A Paris, ce 18 juin 1777.

Hôtel de Bourbon, rue de la Madelaine-St.-Honoré.

N° 50.

RÉPONSE DE MONSIEUR HENNIN.

A Versailles, le 25 juin 1778.

J'ai été très-aise, Monsieur, de vous retrouver, mais très-fâché de vous savoir toujours dans la même position. En mettant votre demande sous les yeux de M. le comte de Vergennes, j'ai dit à ce ministre tout ce qui pouvait l'intéresser à votre sort. J'espère que si l'occasion s'en présente, il se portera volontiers à vous obliger ; quant à vos demandes pour le passé, le moment actuel n'est pas favorable, et tout ce que j'ai cru pouvoir faire, a été de ne pas presser pour une décision.

Faites-vous recommander par M. le baron de Breteuil ; ne perdez pas courage ; sollicitez par vous-même et par vos amis ; enfin, montrez du zèle et de l'envie d'être mis en activité ; on a besoin de gens instruits. Vous jugez bien que mon crédit en arrivant ici est fort mince ; mais je ferai tout ce qui me sera possible, du moins je vous indiquerai les objets qui pourraient réussir et les moyens qu'il faudrait employer.

Ce me serait certainement un vrai plaisir, Monsieur, de vous revoir ; mais je vous prie d'attendre qu'au moins je puisse vous épargner l'ennui et la dépense de l'auberge, et que je sois en état de vous renouveler à table les assurances du sincère et inviolable attachement avec lequel j'ai l'honneur d'être,

Monsieur,

Votre très-humble et très-obéissant serviteur,

HENNIN.

N° 51.

A MONSIEUR HENNIN.

J'ai été touché, Monsieur et cher ami, de votre ressouvenir. Vous m'exhortez à *solliciter par moi et mes amis, à montrer du zèle, etc.* De tout le temps que j'ai pu perdre, celui que j'ai le plus regretté est celui que j'ai employé à solliciter, parce que lorsqu'on ne réussit pas, il en reste un sentiment pénible de l'injustice humaine, non-seulement par la fausseté des promesses qu'on nous a faites, mais parce qu'on s'aliène malgré soi des protecteurs qui finissent d'ordinaire par accuser leur protégé afin de justifier leur crédit.

Combien de fois ne me suis-je pas offert,

votre département excepté, tantôt à faire un voyage dans le nord de l'Inde, tantôt à fonder une colonie dans l'île de Corse, tantôt à tenter une entreprise sur l'île de Gersey! Combien de places ne m'a-t-on pas promises! C'était le ministre de la guerre qui m'assurait une place à l'École-Militaire, une autre fois celui de la marine qui me promettait un consulat, etc.

Enfin j'ai cherché de l'eau dans mon puits; depuis six ans j'ai jeté sur le papier beaucoup d'idées qui demandent à être mises en ordre. Parmi beaucoup de sable, il y a, je l'espère, quelques grains d'or. Ayant vu le Nord et le Midi, beaucoup de maux généraux et particuliers, de tant de désordres il en est résulté des idées d'ordre, et des résultats intéressans pour ceux qui ont éprouvé les mêmes maux et habité les mêmes climats. Je me flattais donc, si un jour j'avais assez d'aisance dans ma fortune et de calme dans l'esprit, de laisser à ma patrie quelque moyen de subvenir à tant de malheureux dont chaque année accroît le nombre. Je m'étais même proposé d'abord de réaliser ce projet dans l'île de Corse par une constitution nouvelle de colonie, oubliant que personne ne se soucierait de mettre en réalité le bonheur d'autrui lorsque le nôtre ne nous touche plus qu'en représentation. Si j'ai donc quitté le service de ma patrie, ç'a été pour la mieux servir, mes travaux m'ont paru le seul moyen qui me restait d'être véritablement utile; en les comparant surtout au service ingrat et sans objet d'un ingénieur des colonies. Je m'y suis livré avec tant d'ardeur que j'en ai altéré notablement ma santé. Cependant je ne désire avec ma liberté qu'un peu d'aisance pour y mettre la dernière main; j'ai cru par ma santé et ma fortune être dans une circonstance à demander quelque récompense à la cour. Mes services sont, il est vrai, éparpillés dans différens départemens, par la faute des temps plus que par la mienne; mais s'ils ont eu pour arbitres différens ministres, ils n'ont eu que le même prince pour objet.

Faute d'ami, je n'ai rien tenté jusqu'ici aux affaires étrangères. Aujourd'hui quel ami plus puissant que vous pourrai-je y employer pour faire réaliser les promesses de service utile et honorable qui m'ont été faites (lorsqu'en Pologne j'allais me sacrifier gratuitement pour le service de ma patrie), ou pour me dédommager au moins de mes dépenses? Quelle occasion plus favorable que celle où je vois à la tête de ce département un homme qui m'a honoré de son amitié, qui a été le témoin, l'approbateur de mes démarches, et qui en est aujourd'hui le juge? Quel moment plus pressant que celui de déterminer les grâces de l'administration en faveur d'un malheureux ami dont la santé et la fortune ont été détruites en servant sa patrie, tantôt de sa plume, tantôt de sa personne? Vous vous méfiez de votre crédit! mais n'en eussiez-vous que dans ce point, vous devriez l'y employer, afin qu'ayant été trompé par plusieurs ministres qui à la guerre et à la marine m'avaient donné l'assurance positive de plusieurs places, je n'aie pas la douleur, sous un ministre homme de bien, d'avoir été abandonné par un ami tout-puissant qui a fait autrefois des vœux pour ma fortune. Je connais votre cœur, vous me servirez, j'en suis sûr. Si donc, dans les vues très-étendues acquises par vos voyages et vos réflexions, il se trouve quelquefois de ces moyens que vous me devez indiquer, où je n'aie que du bien à faire, je m'abandonne à vos projets, si je peux les remplir, sinon faites-moi donner de quoi remplir les miens ; j'aspire après le lieu et le temps d'en causer avec vous. Ne seriez-vous pas bien aise de parler avec moi de la Pologne, de ses assemblées, de ses spectacles, de ses fêtes qui ont précédé sa ruine ! Ne me montreriez-vous pas votre médailler, vos cartes, vos Mémoires ? Vous êtes trop honnête d'attendre que votre table soit dressée. Il ne vous faut que du temps et quelques sapins de la montagne de Satory qui nous rappelle le Nord. Je trouverai encore quelque dîner dans Versailles. Quant à la voiture, je marche aussi bien à pied que Scipion-l'Africain, et quand il fait clair de lune, la nuit pour voyager me plaît encore plus que le jour. Indiquez-moi donc vos jours de liberté, si vous en avez, et excusez l'incorrection de ma lettre. Il me sera plus aisé de faire quatre lieues à pied pour vous aller voir que de vous écrire quatre pages.

Agréez les assurances d'amitié et de respect avec lesquelles j'ai l'honneur d'être,

Monsieur,

Votre, etc.

De Saint-Pierre.

Le 2 juillet 1778.

N° 52.

✻

RÉPONSE DE MONSIEUR HENNIN.

A Versailles, le 30 juillet 1778.

J'AI toujours vu, Monsieur et cher ami, qu'hors le cas de faveur extraordinaire on n'avait rien de ce pays-ci que par la persévérance. Il faut se montrer, faire parler, parler soi-même, et de plus avoir un objet fixe de ses demandes.

Si jamais moment a été opportun, c'est celui où nous sommes; on a besoin de gens sur qui on puisse compter, mais il faut s'offrir et paraître prêt à tout, quoiqu'on demande une chose positive.

Rien de mieux que d'écrire quand on le peut faire sur une table d'or ou du moins dorée ; vous n'êtes pas fait pour rester à l'hôtel de Bourbon. Je vous garantis qu'on n'ira pas vous y chercher et que vos amis de Paris ne feront rien si vous ne paraissez pas. D'ailleurs ce n'est pas le moment où les récompenses puissent atteindre ceux qui n'agissent pas.

Jamais je n'ai conseillé à personne d'entrer dans la carrière politique, c'est la pire de toutes par son incertitude ; d'ailleurs nous avons quarante surnuméraires qui ont déjà servi, et quatre cents demandans tous très-protégés ; je vous tromperais si je vous promettais autre chose que de faire agir dans l'occasion M. le comte de Vergennes auprès d'un autre ministre. J'espère l'y déterminer par la connaissance de vos services ; au reste j'arrive ici, mon état n'est pas même fixé, et de long-temps je ne pourrai obliger personne essentiellement.

J'ai cru vous servir, Monsieur, en ne vous procurant pas une réponse du ministre, elle eût été négative vu le moment; mais soyez sûr que vous serez secondé si vous vous attachez à vous faire employer dans un état fixe, militaire, marine ou colonies. Si vous êtes homme à entrer dans quelque entreprise extraordinaire et à partir dans deux heures, dites-le moi parce que cela peut s'offrir, mais surtout sortez de votre cabinet, de vos dîners périodiques, du train monotone des sociétés de Paris; il faut agir et agir de suite avec vivacité, avec persévérance, et tout ira bien.

Je vous écris si rapidement que cette lettre pourra bien ne pas vous paraître ce qui conviendrait à votre position et à votre manière de voir. Mais dans le vrai je n'ai pas le temps de discuter avec vous ce qui peut vous convenir, et de vous mettre sur la voie autrement que par des généralités. Croyez cependant que personne ne désire plus que moi de vous voir placé de manière à mériter les bienfaits du Roi, et que si je suis à portée d'y contribuer j'y mettrai sûrement plus de chaleur que vous, ce n'est pas beaucoup dire, mais vous m'entendez.

Je vous prie de ne parler à qui que ce soit du contenu de cette lettre quelque vague qu'il soit.

J'ai l'honneur d'être avec le plus inviolable attachement,

Monsieur et cher ami,
Votre très-humble et très-obéissant serviteur,

HENNIN.

N° 53.

A MONSIEUR HENNIN.

Je répondrai, Monsieur, par articles, à la lettre que vous venez de me faire l'honneur de m'écrire et que je ne communiquerai certainement pas, puisque vous me le demandez.

« Hors le cas de faveur extraordinaire, me » mandez-vous, on n'obtient rien dans ce » pays que par persévérance, etc. »

Lorsque je me suis adressé à vous, Monsieur, instigateur, témoin et approbateur de la démarche extraordinaire que je fis en Pologne en exposant gratuitement ma vie et ma liberté, je me croyais dans le cas d'une faveur ordinaire en demandant qu'on me payât au moins les dettes que j'avais contractées à cette occasion. Quant à la persévérance à un *objet fixe de demandes*, on ferait un volume des Mémoires que j'ai présentés, et je puis dire qu'on m'a encore fait plus de promesses que je n'ai fait de demandes.

« On a, dites-vous, besoin de gens sur qui
» on puisse compter, mais il faut paraître prêt
» à tout. » *A tout* est fort; mais si lorsque j'ai été prêt à sacrifier ma vie et ma liberté, voilà la réponse que je reçois dix ans après, ne puis-je pas, d'après mon expérience, demander, moi, sur quels ministres je pourrais compter?

« Rien de mieux, ajoutez-vous, que d'é-
» crire quand on le peut faire sur une table
» d'or. »

Ceux qui ont écrit sur de pareilles tables n'ont, à mon avis, rien mérité des hommes ni par leurs écrits, ni par leur conduite. *Mes amis de Paris ne feront rien si je ne parais pas.* Savez-vous bien, Monsieur, que ces amis là, lorsque je vous payai moitié de la dette contractée en Pologne, s'y opposaient en disant que votre superflu valait mieux que mon nécessaire.

« Les récompenses ne vont pas atteindre
» ceux qui n'agissent pas ; » oh ! je le crois,
puisqu'elles n'atteignent pas ceux qui ont
agi.

« La carrière politique, dites-vous, est la
» pire de toutes par son incertitude. » Celles
que j'ai courues ont encore moins de stabilité,
mais certainement d'autres raisons m'en éloi-
gneraient pour la vie.

M. le comte de Vergennes me recomman-
dera à d'autres ministres, mais les autres ministres me sembleraient encore mieux fondés
à me recommander à lui, car dans les autres
services au moins n'ai-je point agi gratuitement.

« Je serai secondé si je veux me faire em-
» ployer dans un état fixe, militaire, marine
» ou colonies. »

Quant à la marine, je ne suis point marin,
les autres places sont des places de valet; j'ai
une telle expérience sur nos colonies que je
n'en accepterais pas le gouvernement même,
persuadé que je n'y pourrais faire aucun bien,
et que Dieu m'est témoin que je n'ai fait aucune démarche de service que pour être utile
aux hommes. Quant au militaire, toutes les

places sont prises, il faut être riche pour servir; d'ailleurs j'ai fait assez de demandes inutiles.

« Serais-je homme à entrer dans quelque » entreprise extraordinaire et à partir dans » deux heures ? » Vous en avez l'expérience, Monsieur, mais actuellement je vous répondrais qu'il faudrait que je l'eusse formée où que je l'eusse adoptée; mais d'après la réponse de votre ministre il m'est impossible d'en imaginer d'honnêtes et de glorieuses.

Quant à ce que vous dites de dîners périodiques à un homme qui dîne à la vérité périodiquement, mais seul; de persévérance, lorsque je m'occupe depuis six ans des mêmes travaux, ces conseils-là ne me paraissent pas plus me convenir que les souhaits que vous faites pour ma fortune.

Je ne demande point, Monsieur, que vous teniez ma lettre secrète, vous pouvez la communiquer même au ministre à qui peut-être un jour mes services réunis et ma position seront présentés de manière à le toucher, et par des amis sensibles.

Agréez, Monsieur, les assurances de considérations respectueuses avec lesquelles j'ai l'honneur d'être,

Votre, etc.

De Saint-Pierre.

Paris, ce 31 juillet 1778.

N° 54.

※

A MONSIEUR HENNIN.

Monsieur,

Dans la disposition où m'avait mis votre lettre j'ai répondu si précipitamment qu'à l'article de projets extraordinaires, je crains d'avoir omis les mots : *pour moi*. Cette omission donnerait un sens tout-à-fait injuste à ma pensée, puisque j'ai voulu dire que sous votre ministère je ne croyais pas qu'il y eût *pour moi* de projets honnêtes et glorieux. L'épreuve de votre indifférence a dû faire naître ce sentiment, mais je ne peux sans injustice le généraliser puisque je vous ai vu occupé de vues grandes et utiles, non-seulement pour la patrie, mais même pour le progrès universel des connaissances.

Je fais ce désaveu ainsi que celui de quelques expressions que je n'ai pas eu le temps de méditer, avec d'autant plus de liberté, que je le fais sans crainte et sans espérance. Je suis bien convaincu que vous ne me ferez pas de bien, et ma position est telle que vous ne sauriez me faire de mal. La fortune ne met pas les hommes à l'abri des révolutions en les mettant au haut de la roue, mais elle protége ceux qu'elle met en bas.

Quand il vous plaira, Monsieur, de vous rappeler mon âge, mes courses si infructueuses, mes travaux, mes dangers, ma conduite, vos promesses de service en Pologne, et vous rappeler en même temps votre lettre, où vous parlez à la fois d'état fixe et d'aventures dans tous les départemens qui vous sont étrangers, où vous semblez vouloir diriger mes vues vers l'Amérique anglaise où l'on est payé avec de plus mauvais papier que je n'en ai reçu à l'Ile-de-France, où le caractère d'Européen et surtout de Français est malgré les traités une barrière impénétrable à tous les projets intérieurs, vous conviendrez qu'il n'y avait rien qui pût séduire, je ne dis pas un homme qui aurait de l'ambition, qui aurait besoin de faire fortune, qui aimerait sa patrie, mais qui voudrait seulement vivre sans s'endetter.

Quoi qu'il en soit de la peine qu'a pu me faire votre lettre, je n'ai pas dû chercher à vous en faire. Il est de mon devoir de repousser de mon cœur le sentiment de la vengeance envers tous les hommes et d'éteindre en eux celui de la haine; à plus forte raison, y suis-je obligé envers vous que je n'ai jamais vu nuire volontairement à personne et qui m'avez toujours porté de la bienveillance. Je ne sollicite plus pour moi. Dans le tourbillon qui vous entraîne, portez-la utilement à cette patrie dont chaque année voit croître des maux intérieurs, portez-la au bien public par le choix des hommes que la fortune, le crédit, l'expérience de la vie et leurs vertus auront concouru à former et à approcher des places. Du sein de la foule je vous louerai, je vous applaudirai, sans intérêt; que me faut-il à moi? plus de la moitié de ma carrière est passée. La Providence m'a-t-elle abandonné? je vis libre et sans remords. Heureux ceux qui à la fin d'une carrière si courte, peuvent dire, comme vous en serez le maître : J'ai concouru au bien d'un grand peuple ! les terres resteront sur la terre, ce sentiment seul vous accompagnera. Dans l'obscurité où le ciel me place, n'eussé-je aucun talent utile aux hommes, obligé de me démêler de leurs passions, n'ai-je pas un emploi encore assez noble d'applaudir à ceux qui leur font du bien et de m'abstenir de leur faire du mal !

Agréez, Monsieur, mes vœux sincères et désintéressés pour que vous concouriez au bonheur de ma patrie et les assurances de la considération respectueuse avec laquelle j'ai l'honneur d'être,

Votre, etc.

De Saint-Pierre.

A Paris, le 3 août 1778.

Je vous prie, Monsieur, lorsqu'il vous plaira de m'écrire, de ne me donner aucune qualification; la première ne m'appartient pas, jamais la seconde ne m'a été donnée. Je n'ai point été ingénieur de la marine, mes principes et ma santé m'ont obligé il y a huit ans de renoncer pour la vie à celui d'ingénieur des colonies.

N° 55.

RÉPONSE DE MONSIEUR HENNIN.

A Versailles, le 13 août 1778.

Les deux lettres que vous m'avez fait l'honneur de m'écrire, Monsieur, m'ont fort affligé. Je les ai trouvées dures et injustes, et je vous jure que ce n'est pas de vous que j'en attendais de pareilles. Comme le malheur vous a changé! Avez-vous pu vous figurer, Monsieur, qu'arrivant ici, n'y ayant même qu'un état précaire, j'étais à portée de vous rendre service sur-le-champ, ne sachant pas seulement ce que vous voudriez faire, et voyant qu'il y avait peu de choses qui pussent vous arracher à votre retraite. J'ai fait, Monsieur, tout ce que je pouvais en vous représentant au ministre comme un homme digne d'être employé; et je me tourmentais à chercher des occasions de vous être utile, tandis que vous vous plaisiez à m'écrire comme vous l'avez fait. Je me garderai bien de m'appesantir surtout ce que vos lettres renferment d'amer et de désobligeant pour un ami de quinze ans qui a constamment cherché à vous être utile, qui l'a fait quand il l'a pu et comme il l'a pu, qui voulait le faire encore d'une manière plus fructueuse, et que vous repoussez comme s'il vous avait offensé.

Prenez, Monsieur, tel de vos amis qu'il vous plaira, lisez-lui vos lettres et les miennes, qu'il nous juge. Mais non, que ce qui s'est passé entre nous reste enseveli dans un oubli éternel. Il est impossible que vous ne vous aperceviez pas que vos lettres sont des élans d'une mélancolie dont je ne devais pas être la victime.

Vous rejetez mes services, Monsieur; c'est me consoler de n'avoir pas été à portée de vous en rendre autant que je l'aurais voulu. Vous vous éloignez de moi lorsque je me félicitais d'être rapproché de vous. Je vous avoue que je ne puis pas arranger ce procédé avec l'idée que je m'étais faite de vos sentimens ; mais si vous persistez, il faudra bien malgré moi que je mette au rang des erreurs de ma vie le sincère et inviolable attachement avec lequel j'ai eu l'honneur d'être depuis si long-temps,

Monsieur,

Votre très-humble et très-obéissant serviteur,

HENNIN.

P. S. Dans mon chagrin il faut pourtant vous dire, Monsieur, que j'ai ri de bon cœur du principe moral des amis que vous me citez. Je voudrais bien savoir où il est écrit que parce qu'un homme a du superflu il ne faut pas lui payer ce qu'on lui doit quand on le peut. D'ailleurs malheureusement l'application portait à faux. Il s'en faut encore de vingt mille francs que je n'aie payé mes dettes, et j'en ai dépensé quarante mille de mon bien et de celui de ma femme ; mais me voici premier commis, c'est-à-dire, dans votre esprit millionnaire. Cependant je suis à présent un peu moins riche que je n'étais à Genève. J'espère, il est vrai, que ce ne sera pas toujours de même. N'allez pas croire, je vous prie, Monsieur, que ceci ait pour objet de vous rappeler notre reste de compte. Je n'ai voulu que vous faire voir comme on juge des choses en se livrant à un moment d'humeur; car sans doute, tout ceci n'a pas d'autre principe. Je le souhaite bien sincèrement.

Avez-vous pu, Monsieur, prendre en mauvaise part la phrase *être prêt à tout*, et oublier qu'elle partait d'un homme qui n'a jamais dû vous paraître qu'un bon citoyen, un bon ami incapable de la moindre idée qui ne s'accorderait pas avec ces qualités.

N° 56.

A MONSIEUR HENNIN.

Je croyais, Monsieur, que ma seconde lettre avait corrigé de la première les expressions qui avaient pu m'échapper dans un moment où s'étaient présentés à mon esprit les longs travaux de ma vie d'une part, et de l'autre la parfaite indifférence du ministre qui ne les jugeait pas dignes d'une malheureuse gratification sollicitée pour acquitter une dette contractée à un ministre du Roi, pour le service de ma patrie. Ma position, vingt expériences pareilles; la conduite de ce qu'on appelle ici des protecteurs et des amis, a couvert mon ame d'un nuage que la réflexion n'a pas eu letemps de dissiper.

Mais quelle que soit l'authenticité, le nombre et la nature des promesses qui m'ont été faites, quelque dureté qu'aient mis à me repousser des hommes à qui j'avais donné tout ce que je pouvais donner, je n'ai dû faire de peine à personne, encore moins en ai-je dû faire à vous, Monsieur, qui en Pologne m'avez bien accueilli, et qui m'apprenez que vous m'avez plus obligé comme ami que comme ministre du Roi.

Je suis prêt de vous aller voir, dès que vous m'aurez fait savoir le jour où vous serez libre. Je vous l'ai proposé il y a plus d'un mois; il est vrai que depuis ce temps les chaleurs ont été très-fortes. Vous me communiquerez avec sûreté les projets dont vous vous êtes occupé pour moi, et je vous ferai mes objections avec liberté.

Je ne doute pas du sens honnête attaché à l'expression *d'être prêt à tout*, lorsque vous l'employez, mais je dois consulter mes talens et mes forces.

Vous m'avez touché en me mandant que je m'éloigne de vous quand vous cherchez à vous en rapprocher. Au centre du tourbillon où vous vivez, ce sont les affaires qui nous séparent. Je souhaite que vous puissiez les diriger pour le bien public et pour votre gloire; occupez-vous de cet unique objet. Dans ma solitude, comme d'un rivage, je vous applaudirai. Luttant contre les vents, que ne puis-je vous indiquer les écueils de cette mer orageuse! un moment d'humeur ne doit point vous éloigner de moi. J'ai cru avoir à me plaindre de votre indifférence, et je vous l'ai dit; d'autres vous auraient fait des complimens et se seraient plaints à toutes leurs connaissances. Je ne sais point tromper, j'ai peu d'amis, mais ils sont sûrs, et mes ennemis m'estiment plus que leurs amis.

Agréez mes vœux pour votre prospérité, et le désir que j'ai de renouveler notre ancienne amitié et de vous témoigner le durable attachement avec lequel je suis constamment,

Monsieur,

Votre, etc.

De Saint-Pierre.

A Paris, ce 23 août 1778.

N° 57.

✼

A MONSIEUR HENNIN.

A Paris, ce 4 septembre 1778.

Le projet dont nous nous sommes entretenus hier, Monsieur et cher ami, quoiqu'il semble n'offrir qu'un objet d'agrément et d'utilité étrangère, quoiqu'il doive être couvert long-temps du mystère de la politique, s'est présenté à moi sous des points de vue d'intérêt si frappant et si urgent, que je me hâte de les soumettre à votre patriotisme.

Mais avant toutes choses, laissez-moi me livrer librement à mes présomptions, avec la confiance de l'amitié.

Je présume donc que les Américains reconnaîtront le service que nous leur rendons aujourd'hui en nous cédant le Canada, et peut-être des possessions aussi étendues dans la partie méridionale de la Caroline, dans ces vastes contrées occidentales dont ils ne connaissent pas même les limites. M. de Chaumont pour des petites sommes qu'il leur a avancées a obtenu vers l'embouchure de l'Ohio des millions d'arpens.

Pourquoi votre ministre, vous enfin, n'obtiendriez-vous pas dans un continent cédé au Roi des terres titrées, telles qu'on en a accordées en Corse, au gouverneur, à la nièce de M. de Saint-Germain, au ministre même de la guerre et à plusieurs autres personnes?

Mais voici une grande difficulté : les concessionnaires de la Corse ainsi que M. de Chaumont concessionnaire en Amérique, n'établiront jamais d'habitans dans leurs propriétés, 1° faute de moyens ; 2° parce que de toutes les nations nous sommes celle qui entendons le moins à fonder et à faire fleurir une colonie. Nous ne connaissons qu'un moyen très-dispendieux, très-inconséquent et très-inhumain. C'est d'envoyer une multitude d'employés inutiles, d'y joindre les plus mauvais sujets en tous genres, des femmes de mauvaise vie, des libertins de bonne famille, et de poser pour base de ces sociétés les malheureux noirs.

Il y a bien d'autres abus trop longs à déduire, mais enfin la vue de tant de désordres m'a fait naître des idées d'ordre.

D'une autre part, quels que soient les désirs paternels du Roi pour le bonheur de ses peuples, il est certain, et je peux le prouver, que le nombre des pauvres croit et doit croitre chaque année en France; qu'il est temps d'offrir des habitations et des retraites à cette multitude infinie de pauvres dont nos villages abondent. Les rosières ne remédieront à rien dans un pays frivole et inconséquent où le faste orgueilleux ose donner des couronnes de roses à la vertu indigente, tandis qu'il couvre le vice de diamans.

Si donc j'étais envoyé en Amérique pour l'objet dont nous avons parlé, un de mes plus grands soins serait de bien connaître la qualité des terres concédées à la couronne, de m'occuper des moyens peu dispendieux et très-nouveaux d'y établir une colonie heureuse, et d'en faire résulter pour vous et vos amis des seigneuries honorables et lucratives.

Ce n'est pas ici le moment de vous développer mes moyens. Je vous en indique l'objet comme une considération de la plus haute importance. Quoi qu'en puissent dire les intendans et les gazettes, le peuple est très-misérable, et il ne faut qu'aller à pied dans l'intérieur de nos villages pour en être assuré. D'un autre côté, que l'on considère ce que l'Ile-de-France a coûté au Roi et précédemment à la compagnie des Indes pour son établissement, l'état de cette colonie qui après plus de quatre-vingts millions de dépense ne peut ni se défendre ni se nourrir : on verra la nécessité indispensable de changer tout-à-fait de système. J'ose dire qu'avec la dixième partie de cette somme et du temps employé, on eût établi une portion de terre plus considérable, et qu'on l'eût peuplée de meilleurs citoyens.

Si ces considérations ajoutent, comme elles doivent le faire, à l'intérêt de mon voyage, vous m'avertirez du temps où nous en pourrons parler à loisir; dans quelques jours nous n'aurons plus de lune, et il fait trop sombre pour traverser le bois de Boulogne. Je m'arrangerai donc pour passer quelques jours à Versailles et vous y porter des graines.

Agréez les assurances d'attachement sincère avec lequel je suis constamment,

Monsieur,

Votre, etc.

De Saint-Pierre.

N° 58.

A MONSIEUR HENNIN.

Je ne connais, Monsieur et cher ami, rien de si triste et de si embarrassant que de parler de soi à un ministre. Le besoin vous oblige de faire votre éloge et l'honnêteté vous le défend; si vous êtes trop long vous l'ennuyez, si vous êtes trop court vous ne vous expliquez pas.

J'espère que votre amitié viendra au secours du Mémoire que j'envoie aujourd'hui à M. le comte de Vergennes, qui contient deux projets dont l'un est de me faire du bien, l'autre de me mettre en état d'en faire. Vous devez y prendre quelque intérêt puisque vous m'avez donné l'idée de l'un et que vous avez été l'apologiste de l'autre.

J'ai des preuves de tous les articles qui me concernent, quant à mes services et à tout ce que j'ai avancé à mon sujet.

Vous me ferez plaisir de me mander quelle réception on lui aura faite et ce que vous en aurez jugé vous-même. C'est presque un abrégé de toute ma vie. Contre combien d'événemens j'ai lutté seul! la main de la Providence m'a soutenu, et je désire qu'elle vous choisisse pour améliorer ma position.

Ne me faites pas faire de voyages inutiles à Versailles, à présent surtout que le mauvais temps rendra mes courses trop pénibles. Le dimanche 27 septembre je suis parti de Versailles pour me rendre près de Montlhéri où il y a cinq grandes lieues. Je comptais le soir sur la lune; la nuit, le vent, la pluie m'ont assailli à la fois lorsque je sortais d'Orsay. Je me suis cru égaré par des chemins de traverse où je n'avais jamais passé, j'ai fait une chute dont j'ai senti quelques jours la douleur, enfin je suis arrivé à huit heures et demie du soir, bien mouillé, étant parti à trois heures après-midi de Versailles.

Je joins à cette lettre celle de M. le comte de Creutz, ambassadeur de Suède, comme une preuve du brillant accueil que me procura la publication de mon Voyage. C'est de lui que j'ai voulu parler à l'article du ministre étranger.

J'en ai quantité d'autres et tous les certificats et papiers qui peuvent constater la vérité des faits avancés dans mon Mémoire. Je vous prie de me renvoyer cette lettre.

Je me hâte de faire partir ma longue lettre à M. le comte de Vergennes, et je suis malgré moi forcé d'être court avec vous.

Présentez, je vous prie, mes respects à madame votre épouse; je désire que vos amis viennent à bout de la dissiper. Il y a à Versailles assez de personnes dignes de sa société; madame de Septfonds entre autres, qui vous aime et vous estime beaucoup, mérite par l'excellence de son cœur et ses qualités personnelles de partager son amitié.

Je suis avec un sincère attachement et une vive reconnaissance,

Votre, etc.

De Saint-Pierre.

A Paris, ce 6 octobre 1778.

Hôtel de Bourbon, rue de la Madelaine-St.-Honoré.

N° 59.

✻

A MONSIEUR HENNIN.

Monsieur et ami,

Je ne sais que penser du silence du ministre et du vôtre sur les deux objets de mon Mémoire ; l'a-t-il lu ? l'a-t-il approuvé ? est-il dans son porte-feuille ? Je sens bien l'importance des grandes affaires que vous traitez; et c'est cette importance qui me fait craindre que vous n'oubliez la mienne.

Souvenez-vous donc que vous m'avez tiré des douces spéculations de la nature et de la société des muses, pour me transporter dans les vastes forêts de l'Amérique. J'ai remonté des fleuves dont la source est inconnue; j'ai traversé la chaîne toujours glacée des Apalaches; j'ai pénétré dans des régions ignorées au nord de la Californie sous les plus heureuses températures; j'ai employé pour réussir des moyens si faciles, si simples, si bien combinés, que j'aurais de quoi vous entretenir agréablement pendant un jour.

Cortez qui allait détruire valait-il mieux que moi? le barbare et ignorant Pizarre, qui fit périr la moitié de ses compagnons dans les neiges des Andes et dans les sables des rivages de la mer du Sud, n'était inspiré que par le génie aveugle de la fureur!

Si la France n'a point renoncé pour toujours au continent de l'Amérique; si elle a de la reconnaissance à attendre des colonies anglaises; si celles-ci à leur tour ont besoin de faire des alliances avec les nations sauvages qui les avoisinent vers la mer du Sud; jamais circonstance ne fut plus favorable pour en faire la découverte. Attendra-t-on que les Espagnols, toujours avides d'or, poussent leur petite garnison à l'occident des Apalaches, de postes en postes, et qu'ils disent un jour à la France et aux Anglo-Américains : Tous les rivages de la mer du Sud sont à nous?

Vous voyez que mon projet n'est pas d'un simple voyageur, qu'il importe également aux deux puissances que cette découverte soit tentée le plus tôt possible, pour leur avantage commun.

Dans le temps que j'étais au service de Russie, je proposai à la cour d'établir une colonie sur le bord du lac Aral, afin de rouvrir au commerce de l'empire, l'ancien canal des richesses de l'Inde. Mon projet fut goûté, des négocians suisses et anglais me promirent de m'en faire trouver les fonds, mais comme j'insistais à ce que la colonie ne fût formée que d'*étrangers*, par l'expérience du gouvernement russe, et par le désir d'y rassembler des Français, le comte Orloff me dit que cette circonstance contraire à leurs lois était un obstacle insurmontable.

J'ai encore les minutes de ce Mémoire.

Je n'ai point les mêmes objections à craindre des deux puissances; mais si, après avoir communiqué mes idées, on ne me répond point ; si après avoir laissé entrevoir les moyens heureux et faciles que l'étude de la nature et l'expérience de l'histoire ont pu me donner, quelque protégé bien intrigant, bien avide, ayant tout ce qu'il faut pour réussir dans une cour et pour échouer en Amérique, se charge de les exécuter, j'y renonce dès à présent.

Ce n'est pas que je regarde le succès comme assuré, mais au moins suis-je sûr de la nouveauté des moyens et d'une facilité telle que jamais les peuples modernes n'en ont employé d'aussi commodes pour les découvertes par terre.

J'espère donc avec l'aide de Dieu être utile aux deux puissances s'il plaît au Roi de m'envoyer en Amérique.

Je vous prie de faire contre-signer l'incluse adressée à un de mes frères actuellement au service des États-Unis en Amérique. Si vous trouvez quelque moyen plus direct de la lui faire parvenir que par Saint-Domingue, vous me ferez plaisir.

Pourquoi ne m'avez-vous pas renvoyé ma lettre du comte de Creutz, qui vous est inutile? J'irais bien vous voir malgré le mauvais temps si j'étais sûr de causer long-temps avec vous.

J'ai inclus la lettre de mon frère et ma réponse. Vous excuserez cette liberté d'agir sur notre ancienne amitié et sur le désir que j'ai de vous devoir un jour mon bonheur; au milieu de mes traverses j'ai eu cette fierté et le contentement de n'avoir été obligé que par des hommes que j'aimais et que j'estimais.

Agréez les assurances d'attachement sincère avec lequel j'ai l'honneur d'être,

Monsieur et ami,

Votre, etc.

DE SAINT-PIERRE.

Mes respects, s'il vous plaît, à Madame.

A Paris, ce 20 octobre 1778.

Hôtel de Bourbon, rue de la Madelaine-St.-Honoré.

Répondez-moi un mot.

N° 60.

RÉPONSE DE MONSIEUR HENNIN.

A Versailles, le 21 octobre 1778.

Vous savez, Monsieur et cher ami, comment se traitent les affaires ici. Votre Mémoire a été renvoyé à M. du Rival pour en faire le rapport au ministre; il m'en a parlé et m'a paru très-disposé à vous rendre service. Dans son rapport il en appelle à moi pour détailler à M. le comte de Vergennes ce que vous avez fait et ce que vous êtes en état de faire. Je ne sais pas quand cette affaire sera remise sous les yeux du ministre.

J'ai une occasion pour faire passer votre

lettre directement à monsieur votre frère, elle partira au premier jour.

Pardon de mon laconisme, il me serait impossible de m'entretenir aujourd'hui plus long-temps avec vous.

J'ai l'honneur d'être avec le plus inviolable attachement,

Monsieur,

Votre très-humble et très-obéissant serviteur,

Hennin.

P. S. Je retrouve votre lettre à M. de Creutz et sa réponse.

N° 64.

A MONSIEUR HENNIN.

Monsieur et ami,

Je n'ajouterai plus que quelques observations sur l'importance d'un voyage dans l'ouest des colonies anglaises jusqu'à la mer du Sud.

1°. C'est que les Russes paraissent diriger leurs vues de ce côté-là, et qu'après avoir suivi l'archipel des îles qui mènent du Kamtschatka au Japon, ils en ont découvert une autre qui les a conduits à découvrir les côtes de la Californie; mais les longs obstacles qu'ils éprouveront, et par la nature de leur gouvernement et par la stérilité du lieu d'où ils partent (le Kamstchatka), donneront le temps de les prévenir.

2°. C'est que je présume que l'infatigable capitaine Cook est actuellement chargé de cette mission, car qu'irait-il chercher désormais dans les terres glacées du pôle austral? que trouverait-il dans les îles de la mer du Sud qui égale l'avantage de s'établir sur le continent, de servir de barrière aux Espagnols, de pouvoir communiquer avec les lacs du Canada, et de trouver peut-être cette fameuse communication des deux mers si long-temps cherchée dans la baie d'Hudson ? Si elle existe c'est par la partie de l'ouest qu'on doit la chercher, puisque les côtes de la mer du Sud offrent bien moins d'anses, de baies trompeuses que le vaste contour de la baie d'Hudson.

Pesez donc bien ces réflexions, faites bien sentir au ministre, s'il agrée mon projet, l'honneur, l'utilité qui doit en résulter pour la France et les colonies anglo-américaines.

Si j'avais le bonheur d'ouvrir une communication avec la mer du Sud en partant de leurs possessions, et d'établir une colonie sur les bords de cette mer, elle deviendrait le plus puissant lien des deux puissances coalisées, car d'une part les Anglo-Américains lui ouvriraient le commerce de l'Europe, de l'Afrique, des îles à sucre, et de l'autre cette colonie lui donnerait la communication du commerce de la Chine, des îles des Épiceries, de toutes les côtes de la mer du Sud.

Elles se protégeraient réciproquement sans concurrence, et deviendraient le centre du commerce des deux mondes.

Il reste à connaître si la nature n'y a pas mis des obstacles insurmontables, et c'est ce que je m'offre de tenter avec l'aide de Dieu.

Si j'ai le bonheur de réussir dans cette partie essentielle de mon voyage, si j'ai la félicité d'y établir une colonie sous les auspices de la France, j'ai tant vu de désordres dans nos établissemens, que j'espère les prévenir dans celui-ci et en faire le lieu le plus heureux par le bonheur de ses habitans comme par sa température. Mais ces idées ultérieures qui m'occupent depuis un grand nombre d'années sont peut-être destinées à rester sur le papier; d'ailleurs ce n'est ni le temps ni le lieu de les développer.

Je ne doute pas que cette partie si importante d'un voyage dont vous m'avez fait naître le projet, ne vous frappe par la multitude d'avantages qui en doivent résulter, et que le ministre, le Roi et les Anglo-Américains, ne concourent aux moyens nécessaires pour faire cette découverte. Elle est d'une si grande conséquence, que si elle a échappé aux Anglais lorsqu'ils étaient tranquilles possesseurs de l'Amérique, c'est qu'ils n'ont dirigé leur spéculation et leurs dépenses que pour les découvertes maritimes. Les peuples n'ont qu'un objet. Pourquoi les Polonais se sont-ils laissé séquestrer de la mer? pourquoi les Russes avant Pierre-le-Grand? c'est que c'étaient des peuples qui ne connaissaient que les avantages de la terre. Les Anglais ne connaissent que ceux de la mer; voyez comme ils sont maladroits dans leur guerre de terre. Ils ont connu à merveille les côtes de l'Amérique : leurs cartes en marquaient toutes les sondes et jusqu'aux moindres écueils, mais vous ne voyez dans leurs propres possessions, ni les sources des fleuves, ni les chaînes des montagnes bien orientées. Ce sont de grands espaces qu'ils ne désignent que par des noms de peuples inconnus, de solitudes ; l'Amérique derrière eux est restée indéterminée. Cependant que n'ont-ils pas tenté pour en découvrir les rivages, par la baie d'Hudson, par le détroit de Magellan, par la terre de Feu et le Cap-Horn ! Il en est de même des Hollandais qui ne connaissent pas encore l'intérieur de Ceylan depuis le temps qu'ils en fréquentent les rivages. Voilà pourquoi l'intérieur de l'Afrique est encore inconnu, parce qu'elle n'est fréquentée que par les marins de l'Europe.

Si Cortez et Pizarre avaient été des gens de mer, l'Amérique et le Pérou verraient encore la dynastie de leurs anciens rois. Mais loin de suivre les rivages de l'Amérique, ils s'enfoncèrent dans les terres. C'est dans l'intérieur que l'Espagne a jeté les fondemens de sa puissance en Amérique, tandis que les Anglais et les Hollandais n'en cherchent que les rivages et les îles.

Vous savez, me mandez-vous, comment les affaires se mènent ici. Je n'en sais rien ; dans les autres départemens, quand j'ai adressé des Mémoires aux ministres, j'en ai reçu des réponses. Vous me mandez que le mien a été renvoyé à M. du Rival, qui doit en faire son rapport. Le ministre ne l'a donc pas lu. Ce n'est pas que je désapprouve vos usages, chaque pays a les siens, et il y a des hommes dont le silence vaut mieux que les complimens des autres.

Vous me feriez plaisir de me mander si je ne dois pas écrire à M. du Rival dont vous me marquez la bonne volonté. J'ai été sur le point de le faire, parce qu'un de mes amis m'avait déjà entretenu de la bienveillance qu'il me portait sans me connaître et de son caractère obligeant et sensible. En allant voir M. de Renneval j'avais cru aller voir M. du Rival ; jugez de mon inexpérience. Je lui écrirai donc si vous jugez que ce soit le moment ; je m'en suis abstenu pour ne pas vous compromettre, car je ne pouvais savoir que par vous que mon Mémoire était entre ses mains.

Dans les deux objets qu'il renferme, je sens qu'il y en a un sur lequel le ministre ne peut rien statuer que d'après les circonstances générales, mais l'autre me paraît dépendre uniquement de sa volonté et de vos bons offices.

Agréez les assurances de reconnaissance et d'amitié avec lesquelles je suis constamment,

Monsieur et ami,

Votre, etc.

De Saint-Pierre.

Ce 2 octobre 1778.

N° 62.

A MONSIEUR HENNIN.

Monsieur et ami,

Comment est-il possible que vous ne me répondiez pas sur aucun des objets de mon Mémoire ! C'est nourrir mes craintes et non mes espérances. Comment ! ne me rien mander sur les démarches que je voulais faire auprès du rapporteur de mon affaire, sur le rapport qui en a été fait, sur le jugement du ministre ! Je sens la multitude de vos affaires et leur poids, mais un mot m'eût tranquillisé. Les espérances sont les nerfs de la vie ; dans un état de tension ils sont douloureux, tranchés ils ne font plus de mal.

Vous m'obligerez donc en me répondant définitivement. Je ne suis pas assez injuste pour attribuer au défaut d'amitié de votre part l'indifférence du ministre. Je sens tout le prix du projet que vous m'avez donné, mais mon imagination, détournée de ses occupations ordinaires depuis six semaines, ne peut se reposer sur rien. Quant à mes besoins, je les supporterai avec le secours de la Providence, comme j'ai fait par le passé, et si je ne peux amortir aucune portion de mes dettes, j'espère que mes amis (et vous en particulier) auront assez d'indulgence pour rejeter mon impuissance sur ma fortune, plutôt que sur mon cœur. Pour les satisfaire il n'y a rien que je n'aie tenté. Le danger d'une entreprise ne m'a point rebuté pourvu qu'elle fût honnête. Heureux et content dans les périls où je me suis jeté, d'y trouver même la fin de ma vie dans l'accomplissement de mes devoirs envers ma patrie et mes amis. Une fortune inexplicable a pris plaisir à conserver mes jours et à accroître mes dettes dans le temps même que je faisais mes efforts pour les acquitter. Lorsque je vous ai vu à la tête des affaires de votre département, j'ai cru ma fortune prête à changer, et renonçant de bon cœur au repos de ma solitude, je n'ai point sollicité votre crédit pour mener ici une vie tranquille ; mais constant dans mes anciens projets, j'ai proposé avec joie l'entreprise la plus hasardeuse, pourvu que le terme de mes travaux fût l'accomplissement de mes devoirs envers ma patrie et mes amis ; il est vrai que j'ai cherché à appuyer ma confiance pour l'avenir, en rappelant des services passés. J'avais été si malheureusement et si souvent trompé ! Que me reste-t-il à espérer maintenant, si vous, juge et témoin des faits que j'ai cités, vous qui m'y aviez porté par l'espoir des récompenses, ne pouvez pas même me faire payer les premiers frais qu'ils m'ont coûtés ? Je n'accuserai pas votre amitié ; votre intérêt même demande que je réussisse, puisque vous êtes mon créancier ; je me résignerai et je cesserai de nourrir des espérances trompeuses ; des inquiétudes pénibles, et des réflexions amères sur les hommes que j'ai servis et que je dois aimer.

Je suis avec une constante amitié,

Monsieur et ami,

Votre, etc.

De Saint-Pierre.

A Paris, ce 20 novembre 1778.

Hôtel de Bourbon, rue de la Madelaine-St.-Honoré.

N° 65.

A MONSIEUR HENNIN.

Monsieur,

Vous m'avez tout-à-fait oublié. Vous avez laissé sans réponse mes deux dernières lettres. Vous savez bien que ma fortune et le mauvais temps ne me permettent pas de faire de fréquens voyages à Versailles. Si je n'ai rien à attendre de mes services passés et de votre crédit, dois-je perdre votre amitié? Je croirais faire tort à une correspondance de quinze ans de laisser passer le commencement de cette année sans faire de vœux pour vous, et sans vous assurer que le temps, qui remet tout, n'a rien changé, ni à mes vues, ni à mes projets, ni à ma constance. Je suis né dans un mauvais siècle. Je m'efforce, ne pouvant faire de bien, de m'abstenir du mal, et je n'ai rien trouvé de plus sûr que de m'isoler. Vous m'avez mandé que vous vouliez vous rapprocher de moi, j'ai fait tout le chemin qui nous séparait, j'ai suivi vos conseils, j'ai écrit au ministre, j'ai voulu aller voir mon rapporteur, que me convient-il de faire à présent? Tout est le fruit de l'intrigue et de la vénalité. Mais j'ai dû votre amitié à de plus nobles moyens, et c'est par eux que je veux la conserver.

Faites-moi donc savoir les raisons de votre silence, et agréez les assurances d'estime et de considération, avec lesquelles j'ai l'honneur d'être, Monsieur,

Votre, etc.

DE SAINT-PIERRE.

A Paris, le 18 janvier 1779.

N° 64.

RÉPONSE DE MONSIEUR HENNIN.

A Versailles, le 23 janvier 1779.

Non sûrement, Monsieur et ancien ami, je ne vous ai pas oublié, mais je ne me suis pas pressé de vous instruire de l'inutilité de mes efforts pour faire réussir le plan que nous avions concerté. On en sent l'utilité; c'est beaucoup, mais on n'est pas disposé à le suivre dans ce moment, parce que l'on veut voir comment la grande affaire finira, et que, d'ailleurs, l'argent retient. Soyez bien persuadé que je ne perdrai pas une occasion de remettre cette affaire sur le tapis, et que si elle manque, et si je reste ici, je ferai tant que je rendrai votre zèle et vos talens utiles à l'État; mais vous ne vous faites pas une idée des peines que les ministres même ont à faire, à cet égard, ce qui leur paraît convenable, à plus forte raison nous qui d'ordinaire ne parlons que de ce dont on nous parle. Ce n'est pas pour rabattre l'opinion que vous pouvez avoir de mon influence que je vous parle ainsi, c'est uniquement pour rendre au vrai l'idée que vous devez vous faire du crédit de l'homme qui désirerait le plus en avoir beaucoup pour vous obliger. Rendez justice à mes sentimens, je vous prie, et soyez persuadé que rien n'a altéré le sincère et inviolable attachement, avec lequel j'ai l'honneur d'être,

Monsieur et ancien ami,

Votre très-humble et très-obéissant serviteur,

HENNIN.

N° 65.

À MONSIEUR HENNIN.

Monsieur et ami,

Voici le Mémoire dont vous m'avez promis trois copies. Je l'ai retouché d'après vos observations, et j'y ajoute la fin de votre façon. Je l'ai lu à M. l'abbé Bergier, qui en a été infiniment satisfait. Il est persuadé qu'il fera le plus grand effet; il n'est tel que la main du maître.

J'y joins une lettre pour M. l'intendant de Brest, que je vous prie de contre-signer et de faire partir. Je suis bien sensible à tous les embarras que mon amitié vous donne. C'est une bonne œuvre où vous aurez part.

Dès que j'aurai fait une autre copie je prierai M. Mesnard de me les faire transcrire, et à l'arrivée de mon malheureux frère [1], je les enverrai à tous les ministres avec une lettre pour chacun d'eux, dont j'ai déjà esquissé les minutes.

Je suis avec la plus tendre reconnaissance,

Votre ami constant,

De Saint-Pierre.

À Paris, le 22 mars 1779.

[1] *Voyez* l'aventure de Dutailly dans les Mémoires sur Bernardin de Saint-Pierre.

N.º 66.

A MONSIEUR HENNIN.

JE trouvai, Monsieur et ancien ami, dimanche dernier à mon arrivée, une lettre de M. le prince de Montbarey, où il me mande que l'affaire de mon frère regarde M. de Sartine, et où il m'assure qu'il aurait désiré *bien sincèrement* pouvoir lui être de quelque utilité, sans cet inconvénient.

Jeudi j'ai été malade.

Vendredi j'ai été dans les bureaux de M. Lenoir, pour m'informer si M. de Sartine avait envoyé la permission que je sollicite, d'entrer à la Bastille pour voir mon frère, s'il était survenu quelque incident grave dans ses interrogatoires, attendu que la lettre qui les accompagnait était sèche et ne demandait rien pour lui.

On m'a répondu que lorsque le ministre de la police faisait le rapport d'une affaire dont il était le juge naturel, il y ajoutait ses réflexions en bonne ou mauvaise part, mais que dans celles où il n'était chargé que de recueillir les interrogatoires, et qui lui étaient étrangères, il envoyait les dépositions sans y ajouter aucunes réflexions.

Qu'il n'y avait aucun incident grave; que mardi prochain je saurais définitivement à quoi m'en tenir sur la permission que je demandais.

Tâchez, Monsieur et cher ami, de voir M. Lenoir à Marly demain. Dites-lui que la permission que je demande ne blesse l'esprit d'aucune loi, quand mon frère même serait coupable, puisqu'il ne peut y avoir aucune correspondance entre lui et moi dans le délit qu'on lui suppose; que c'est lui ôter ses défenseurs naturels, dans une affaire étrangère à la France, accabler son esprit troublé par huit mois de prison, et le punir avant de l'avoir jugé; que s'il est innocent, comme tout concourt à le prouver, quel dédommagement pourra réparer l'altération que je crains trop que sa position ait apportée à ses facultés intellectuelles. L'aveu de son stratagème à son dénonciateur me l'a fait soupçonner, à moins que, s'étant lié d'amitié avec son capitaine, il ne lui ait donné cette marque de confiance pour le déterminer à lui rendre service.

Dites à M. Lenoir qu'étant, à ce qu'il m'a paru, regardé par les bureaux de la marine comme le juge naturel de cette affaire, son rapport décidera le jugement du ministre de la marine, et ce que mon malheureux frère doit attendre des bontés et des grâces du Roi.

Enfin, faites pour moi ce que vous voudriez que je fisse pour vous si j'étais à votre place. La fortune ne se moque-t-elle pas de moi de me transporter chaque semaine du tourbillon de Paris à l'impassibilité de Versailles ? Moi, inconnu, à pied, sans fortune, sans crédit, sans espérance ! autant vaudrait qu'elle m'eût chargé d'arrêter le cours de la Seine et de remuer les tours de la Bastille. Comment pourrais-je fixer les esprits volages de la capitale, et émouvoir le cœur d'un ministre ? C'était à vous qu'elle devait envoyer cette épreuve de vos forces, qui d'un trait de plume pouvez ébranler les royaumes de l'Europe, abattre des empires et élever des républiques.

Je ne sais quand j'aurai le plaisir de vous revoir. Ce sera, j'imagine, avec un surcroît de tristesse, n'ayant point eu la gaieté de madame Hennin pour rappeler la mienne. Présentez-lui mon respect et mes vœux pour son bonheur et pour le vôtre. Je suis avec une pleine reconnaissance de votre cordiale, franche et ancienne amitié,

Monsieur,

Votre, etc.

De Saint-Pierre.

A Paris, ce 1er mai 1779.

Je soupire après la campagne et la solitude.

Felix qui potuit rerum cognoscere causas,
Atque metus omnes et inexorabile fatum
Subjecit pedibus, strepitusque Acherontis avari!
Fortunatus et ille Deos qui noscit agrestes,
Panaque, Silvanumque senem, Nymphasque sorores!

N° 67.

A MONSIEUR HENNIN.

Monsieur et ami,

J'ai enfin obtenu la permission de voir mon frère; je l'ai trouvé content et se portant bien. A notre première entrevue, je vous ferai part de notre conversation et de tout ce que j'ai vu dans ces lieux redoutables; ce sera peut-être demain si le temps me permet de vous aller voir. Je ne doute plus de son innocence et de son étourderie.

Il a écrit deux fois à M. le comte de Solanno et plusieurs fois à moi, il n'en a point reçu de réponse. Ses lettres n'ont peut-être pas été envoyées ; du moins les miennes ne m'ont pas été rendues. Je me suis en conséquence déterminé à écrire à M. *le comte de Solanno, grand président de l'audience de Saint-Domingue, à la cour de Madrid.* Ayez la bonté de lui faire parvenir ma lettre incluse et de la contre-signer. Je désirerais aussi que, par la voie d'Espagne, on vous informât si M. le comte de Solanno est à Madrid.

En attendant que j'aille vous remercier de vive voix, agréez les assurances de reconnaissance et de vrai attachement avec lequel j'ai l'honneur d'être,

Monsieur et ami,

Votre, etc.

De Saint-Pierre.

A Paris, ce 11 mai 1779.

N° 68.

A MONSIEUR HENNIN.

Monsieur et ami,

Chaque semaine je me suis flatté du plaisir de vous voir, mais tantôt le mauvais temps, tantôt le souvenir de ma dernière indisposition, m'a retenu à Paris; le dernier jour où je vous ai vu, je fus saisi le soir d'un accès de fièvre très-violent accompagné de frisson. Je ne rapporte plus d'espérances de Versailles, le ministre m'a dit dernièrement : *Ou votre frère est un étourdi, et je ne saurais prendre de confiance en lui, ou il est coupable, et il ne la mérite pas.* D'un autre côté, je trouve que le malheur n'a produit aucune révolution utile dans l'esprit du prisonnier. Je suis à son égard dans la même perplexité que le ministre.

Vous devez avoir reçu d'Espagne une réponse au sujet de M. le comte de Solanno ; si ma santé le permet j'irai la chercher dimanche, mais si je ne pouvais y aller, obligez-moi de me marquer, les jours suivans, ce que vous en savez : un si long retard dans une réponse si urgente m'est suspect.

En récompense de vos bons et utiles offices, que Dieu éloigne de vous tout chagrin domestique, et puisqu'avec les autres biens il vous a donné un père et un frère dont vous pouvez vous honorer, puisse-t-il rendre à votre épouse le contentement d'esprit nécessaire à son bonheur et au vôtre !

Ne me dissimulez donc rien de ce que vous pouvez savoir au sujet du prisonnier.

Je suis avec reconnaissance,

Monsieur et ami,

Votre, etc.

DE SAINT-PIERRE.

A Paris, ce 26 juin 1779.

N° 69.

A MONSIEUR HENNIN.

Monsieur et ami,

Il n'est plus en mon pouvoir de vous aller voir à pied; ma bourse, ma santé, mes espérances et les beaux jours de l'été, tout s'est écoulé. Hommes heureux, vous ne voulez voir que des physionomies gaies, même avec des cœurs tristes! je ne crois pas que si Socrate lui-même était à ma place, il pût montrer à Versailles un visage content. Quoiqu'il eût foulé aux pieds la fortune, les voluptés, l'amour de la gloire et de la vie, au moins il se portait bien, il était à l'abri des besoins, et sa grande ame se soutenait par l'amour de sa patrie, de sa famille, de ses amis.

Tout ce que j'ai aimé s'est éloigné de moi. Je me porte mal. Je n'ai qu'une subsistance étroite, annuelle et précaire. Je n'ai plus ni linge, ni habits, mes courses à pied ont achevé de les user.

Si vous voulez me revoir faites m'en donner les moyens. Vous savez que votre département me doit une gratification bien légitime. Je vous envoie le Mémoire que j'ai donné sur les affaires du Nord à M. Durand; j'y joins la minute de ma lettre; je vous prie d'en faire usage et de m'en accuser la réception.

Agréez mes vœux pour votre prospérité. Je suis ainsi qu'à madame votre épouse, avec une respectueuse considération,

Votre, etc.

De Saint-Pierre.

Ce 2 octobre 1779.

Hôtel de Bourbon, rue de la Madelaine-St.-Honoré.

Je n'ai pas besoin de vous recommander de me renvoyer ces pièces dont je n'ai point de copie.

N° 70.

A MONSIEUR HENNIN.

Monsieur et ami,

J'ai mis dimanche dernier 3 octobre à la poste un paquet de papiers contenant la minute de mes Mémoires sur les pays du Nord et une relation de ce qui m'était arrivé en Pologne ¹ lorsque vous y étiez ministre du Roi, en vous priant d'en faire usage auprès du ministre des affaires étrangères et de m'en accuser la réception.

Je n'ai point d'inquiétude sur votre amitié

¹ *Voyez* cette relation à la fin de la Correspondance.

pourvu que je sois assuré que ce paquet vous est parvenu; faites-moi le plaisir de me mander votre opinion sur ces premiers essais de ma plume. J'aurais eu plus de plaisir à m'en entretenir avec vous, si les raisons que je vous ai mandées ne me rendaient trop pénibles les courses de Versailles.

Agréez les assurances d'attachement avec lequel j'ai l'honneur d'être,

Votre, etc.

De Saint-Pierre.

A Paris, ce jeudi 7 octobre 1779.

Hôtel de Bourbon, rue de la Madelaine.

FIN DU TOME PREMIER.

TABLE

DU PREMIER VOLUME.

Préface.   j
Supplément à la Vie de Bernardin de Saint-Pierre. Réfutation.   v
   Apologie.   lij
Lettres 1. — A M. Hennin. — Détails sur la Révolution de Pologne.   1
   2. — Réponse de M. Hennin.   8
   3. — A M. Hennin. — Projet d'aller en Turquie.   11
   4. — Réponse de M. Hennin.   16
   5. — A M. Hennin. — Ses espérances d'avoir du service en Pologne.   19
   6. — A M. Hennin. — Il joue le rôle d'Achille dans *Iphigénie*.   24
   7. — Réponse de M. Hennin.   29

Lettres 8. — A M. Hennin. — Il perd le Journal de son voyage. 32
9. — Réponse de M. Hennin. 34
10. — A M. Hennin. — Il est présenté au Roi de Pologne. 36
11. — A M. Hennin. — Départ de Pologne. Il se rend à Vienne. 38
12. — A M. Hennin. — Il revient à Varsovie dans les voitures du roi. 40
13. — Réponse de M. Hennin. 45
14. — A M. Hennin. — Il tombe dans l'abattement. On lui offre une place de lieutenant. 50
15. — A M. Hennin. — Il se rend à Dresde. Singulière aventure sur la route. 56
16. — A M. Hennin. — Détails sur son origine et sur son titre de chevalier. 63
17. — A M. Hennin. — Retour à Paris. Mort de son père. 69
18. — Réponse de M. Hennin. 72
19. — A M. Hennin. — Il demande une lettre pour M. de Sainte-Foy. 75
20. — A M. Hennin. — Projet de départ pour les colonies. 78
21. — Réponse de M. Hennin. 82
22. — A M. Hennin. — On lui refuse du service. Il s'occupe à rédiger ses Mémoires sur le Nord. 84

TABLE.

Lettres 23. — Réponse de M. Hennin. 88
24. — A M. Hennin. — Il se retire à Ville-d'Avray. Plan de ses Mémoires. 91
25. — Réponse de M. Hennin. 96
26. — A M. Hennin. — Il fait prier Voltaire de faire des recherches sur Eustache de Saint-Pierre. 99
27. — Réponse de M. Hennin. 103
28. — A M. Hennin. — Démarches inutiles. Les ministres et les commis le repoussent. 106
29. — A M. Hennin. — Il compose une Chronologie des huit principaux États de l'Europe, et recueille des observations sur le mouvement de la terre. 109
30. — Réponse de M. Hennin. 116
31. — A M. Hennin. — Il est placé à l'Ile-de-France. 120
32. — Réponse de M. Hennin. 124
33. — A M. Hennin. — Il arrive à Lorient. 127
34. — A M. Hennin. — Récit de la traversée. 129
35. — A M. Hennin. — Il voit M. Bougainville à l'Ile-de-France, et parle de la découverte de Taïti. 134
36. — A M. Hennin. — Sa situation à l'Ile-de-France. Suite de l'expédition de Madagascar. 138

LETTRES 37. — Réponse de M. Hennin. 145
38. — A M. Hennin. — Désagrément qu'il éprouve. 152
39. — A. M. Hennin. — Retour à Paris. 156
40. — A M. Hennin. — Son traitement est réduit de moitié. 160
41. — A M. Hennin. 162
42. — A M. Hennin. — Il acquitte une partie de sa dette. 164
43. — Réponse de M. Hennin. 166
44. — A M. Hennin. — Il voit Rousseau et d'Alembert. 168
45. — A M. Hennin. — Il renonce à l'amitié des grands. 171
46. — Réponse de M. Hennin. 174
47. — A M. Hennin. — Il est sans état et sans revenu. 176
48. — A M. Hennin. — Le Roi lui accorde une gratification de mille livres. 179
49. — A M. Hennin. 181
50. — Réponse de M. Hennin. 183
51. — A M. Hennin. — Au milieu de sa détresse il conçoit le projet des Études de la Nature. 185
52. — Réponse de M. Hennin. 190
53. — A M. Hennin. — Il examine les moyens d'existence qu'on lui présente. 193

Lettres 54. — A M. Hennin. — Il rappelle ses services et sa vie aventureuse.	198
55. — Réponse de M. Hennin.	203
56. — A M. Hennin. — Il répond à ses reproches.	207
57. — A M. Hennin. — Grand projet de voyage en Amérique. Considérations sur les colonies.	210
58. — A M. Hennin. — Il envoie un mémoire à M. de Vergennes.	215
59. — A M. Hennin. — Effet que produit sur lui l'idée d'un voyage en Amérique.	218
60. — Réponse de M. Hennin.	223
61. — A M. Hennin. — Importance d'un voyage dans l'Orient des colonies anglaises jusqu'à la mer du Sud.	225
62. — A M. Hennin. — Il s'afflige de ne pas même réussir à se jeter dans les entreprises les plus hasardeuses.	232
63. — A M. Hennin. — Il vit seul.	236
64. — Réponse de M. Hennin.	238
65. — A M. Hennin. — Il fait transcrire ses Mémoires.	240
66. — A M. Hennin. — Démarches pour son frère enfermé à la Bastille.	242
67 — A M. Hennin. — Il va voir son frère à la Bastille.	246

Lettres 68. — A M. Hennin. — Continuation de ses démarches. 248

69. — A M. Hennin. — Excès de son malheur. Il n'a plus ni linge ni habits. 250

70. — A M. Hennin. — Il lui envoie ses Mémoires sur le Nord. 252

FIN DE LA TABLE DU PREMIER VOLUME.

www.ingramcontent.com/pod-product-compliance
Lightning Source LLC
Chambersburg PA
CBHW052135230426
43671CB00009B/1258

*9 7 8 2 0 1 2 1 6 3 3 5 5 *